Baptiste Beaulieu
Laure de Chantal

LE CHIEN D'ULYSSE

et autres récits

Albin Michel

À tous les chercheurs et chercheuses,
merci de croire encore en ce qui soigne,
en ce qui sauve.

B.B. et L.d.C

À l'hypocondriaque mythique !

L.d.C

Prologue

Lorsque j'étais enfant, ma mère me lisait des histoires de la mythologie grecque. Elle avait cette voix douce et passionnée qui donnait vie aux épopées d'Homère et aux *Métamorphoses* d'Ovide. Je me souviens de ces soirs où, blotti contre elle, je découvrais les exploits d'Asclépios, le dieu médecin capable de ramener les morts à la vie, ou les errances d'Ulysse, dont l'intelligence et la résilience me fascinaient déjà. À travers ces histoires, elle me transmettait bien plus qu'un amour des mots et des légendes : elle me donnait une clé pour comprendre le monde et, sans le savoir, elle semait en moi les premières graines de ma vocation.

Bien des années plus tard, devenu médecin, j'ai croisé la route de Laure de Chantal, une helléniste passionnée. Dès nos premières conversations, une résonance profonde est apparue entre nos parcours.

Elle avait grandi, elle aussi, avec ces récits antiques, mais elle avait emprunté un autre chemin : celui des poètes grecs qui, en les couchant par écrit, avaient assuré leur transmission, transformant ces histoires murmurées de génération en génération en patrimoine immuable.

Les mythes ne sont pas des mots comme les autres. Ils nous aident à avancer, à progresser, seuls ou collectivement. Ce sont des mots qui font du bien, des mots qui soignent les maux. Les Anciens disaient qu'ils étaient divins ; aujourd'hui, nous dirions surpuissants ou universels : ils parlent à tout le monde, sans distinction d'époque, d'âge ou de situation personnelle.

Notre complicité intellectuelle s'est trouvée renforcée par une douleur commune : au même moment, nous avons dû accompagner nos parents dans la maladie. Ma mère, qui m'avait fait aimer la mythologie, et son père avaient tous deux basculé dans la fragilité, nous plaçant face à cette médecine que l'on exerce ou que l'on subit, selon la place où l'on se trouve.

C'est ainsi qu'est née en nous l'envie d'écrire ensemble. Associer médecine et mythologie nous semblait à la fois naturel et nécessaire, comme les deux anses d'une même amphore. C'était à la fois un retour aux sources et une manière de mettre en lumière ces soignants que nous avions côtoyés, admirés, parfois questionnés, mais dont nous avions toujours ressenti l'humanité. Dans l'Antiquité, la médecine et le sacré étaient indissociables : Asclépios guérissait autant par la science que par le rêve et le mystère. Aujourd'hui encore, il existe une part d'inexplicable dans la guérison, une alchimie entre savoir, technique et humanité.

En écrivant ce texte, nous avons voulu offrir une boîte à outils dans laquelle chacun peut piocher, soignants comme soignés, pour écouter mieux, espérer mieux, accompagner mieux et dire mieux les émotions qui traversent le corps qu'on soigne ou celui qui doit être soigné. À cela s'ajoute l'envie de rendre hommage à ceux qui, comme les anciens prêtres-médecins, veillent sur les corps et les âmes. Mais aussi à ceux qui nous ont transmis leur passion, ces passeurs d'histoires qui, sans le savoir, façonnent nos destins.

Le frigo de Baucis

J'ai un couple de patients assez âgés. Elle est d'origine canadienne, lui est français. Appelons-les Bernard et Charlotte. Ils fument comme des pompiers et picolent, mais ne sont jamais ivres, comme Socrate. Je les aime beaucoup. Ils sont drôles et se titillent tout le temps. Chaque fois que je vais les voir, ils sont toujours installés de la même manière : lui dans SON fauteuil, dans un coin de la pièce ; elle, assise à la table, et son premier geste est de me tendre une cigarette. Depuis le temps que je m'occupe d'eux, ils sont du genre à dire : « Chéri, va ouvrir, c'est Baptiste ! » et non pas : « Chéri, va ouvrir, c'est le docteur ! » On a ce genre de relation là, quoi.

J'admire énormément leur bon cœur, c'est d'autant plus remarquable que je ne leur donne pas seulement des bonnes nouvelles, et de moins en moins d'ailleurs. Ils sont doux, spirituels, pleins d'humour, et me font rire à chaque fois. Ils ont de grands moments d'engueulades, aussi, même quand je suis là. Mais j'imagine que c'est la règle quand on a vécu toute sa vie avec la même personne.

Lui, je crois, a été illustrateur. Il a toujours l'imagination débordante. Elle possède un humour pince-sans-rire assez redoutable. Ils sont perpétuellement en indélicatesse financière. Je vais parfois leur faire des courses au supermarché, et veille à toujours glisser de la viande dans le panier, surtout pour elle, pour la requinquer.

C'est bien normal et si peu à côté de toutes les fois où ils m'ont accueilli comme un dieu, sans cérémonie.

Ils me rappellent un mythe heureux – parce que, oui, il y a des mythes qui finissent bien, même quand il s'agit de mourir.

Dans un coin reculé d'un village, au fin fond des montagnes hostiles, sur un bout de route où même les barbares hésitent à s'aventurer, Zeus et Hermès, le dieu des pharmaciens, se sont perdus. Or, comme nul ne peut voir la vraie apparence d'un dieu, et peut-être pour s'amuser aussi, les dieux se sont déguisés. Deux voyageurs errants, deux migrants des frontières comme il s'en voit vers Vintimille ou Calais.

Quand ils demandent de l'aide, on les ignore. Quand ils approchent d'une ferme, ils sont chassés à coups de pierres et avec des insultes. Bref, ils sont dans une contrée où pas un médecin ne souhaiterait s'installer.

Jusqu'à ce qu'une porte s'ouvre en grinçant. Dans la maison, une femme assez âgée, aux genoux qui craquent un peu : Baucis. À ses côtés, un vieux qui ne parle plus, ou bien du bout des yeux, et qui ne bouge pas de son fauteuil : Philémon. Malgré leur apparente modestie, ils leur font un très bon accueil avec la malice des gens qui ont bien vécu et qui savent faire la fête. Baucis leur prépare un excellent dîner, avec tout ce qu'ils ont.

Pour les remercier de leur hospitalité, les dieux leur demandent ce qui leur ferait plaisir. Baucis et Philémon n'hésitent pas une seconde : partir ensemble, un miracle en somme. Baucis et Philémon ont sans doute deviné à qui ils avaient affaire. Pourtant, même des dieux ne peuvent pas réaliser leur vœu : les destins ont déjà été filés. Zeus et Hermès trouvent quand même une solution.

Philémon s'éteint paisiblement dans son sommeil et se transforme en chêne. Puis, un jour de grande fatigue, Baucis s'endort au pied du chêne et se réveille en forme de tilleul. Tous deux deviennent deux arbres majestueux qui poussent côte à côte. Sous la terre leurs racines s'embrassent.

Dans mon mythe aussi, Bernard est mort paisiblement, dans son sommeil. Mais Charlotte, elle, est restée. Un jour, elle m'appelle pour m'informer du décès de son mari. Elle est effondrée, évidemment. Elle me demande d'attendre quelques jours avant de venir. J'accepte, mais j'appréhende ce moment. Je crains de la voir seule, désormais, sans son Bernard. Dans ma tête je me promets de continuer à m'occuper d'elle comme avant, du mieux que je peux. Parce que c'est ce que Bernard m'aurait demandé s'il avait eu le temps de le faire. Ils s'aimaient (Dieu sait pourtant s'ils se chamaillaient !).

Quand je finis par lui rendre visite, rien n'a changé, tout est à la même place. Tout, sauf lui, absent pour toujours. Et son fauteuil aussi, qui a disparu. À la place, il y a un frigo. Charlotte me dit, riant et pleurant en même temps :

– Ça faisait des années que Bernard me promettait qu'après sa mort, il me préparerait une surprise. « Tu verras, ma Charlotte, je me changerai en frigo ! » Du coup, à sa demande, notre fille a fait installer un frigo, là, dans son coin.

Et elle ajoute :

– Voilà. C'est Bernard le frigo.

Elle rit et elle pleure.

J'ai les larmes aux yeux – mais qui ne viennent pas – et je souris avec elle. Puis nous fumons une cigarette tous les deux, en silence. Je pense à la vie qui vient, qui va, s'en va, revient, même sous une forme aussi bête qu'un frigidaire.

Les corps se transforment. Ils changent. Ils sont en perpétuelle évolution.

Nos cellules se renouvellent : les vieilles meurent et des neuves apparaissent. Tous les trois ans, nous sommes entièrement métamorphosés : la totalité des atomes de notre corps ont été renouvelés grâce aux réactions chimiques qui transforment les nutriments de notre alimentation en briques élémentaires de carbone.

C'est un peu comme le vaisseau des Argonautes, l'*Argo*. Au cours de ses innombrables péripéties, chacune des planches de bois qui le constitue a été changée une ou plusieurs fois, si bien qu'à son retour à Iolcos il ne reste plus aucune pièce d'origine dans le bateau qui accoste. Alors, s'agit-il du même navire ?

Dans le geste de Bernard – « Je me transformerai en frigidaire » –, il y avait peut-être la volonté de traverser la mort en continuant d'être utile à la femme qu'il aime. D'ailleurs, sur le plan des briques élémentaire du réel, quelle différence entre un frigo et Bernard ? Un peu plus d'atomes de carbone par-ci, un peu moins d'atomes d'hydrogène par-là. Théoriquement, la métamorphose ne serait pas impossible.

Et pourtant, nous fumons en silence. Elle est malheureuse comme une pierre, et je n'en mène pas large non plus. Il y a tellement de silence qu'on n'entend que Bernard le frigo ronronner. Curieusement, ce bruit nous console. Il nous rassure, elle et moi.

On se sent toujours un peu gêné d'être triste à côté de l'immensité du chagrin de celui que le deuil atteint de plein fouet. Pourtant, c'est le lot de quantité de soignants. Personne ne nous apprend vraiment à gérer le deuil de nos patients, ni ce que cela peut agiter de déroutant en nous, le rappel de notre propre mortalité, évidemment. Nous ne sommes peut-être que des ordinateurs faits de viande, mais quel cœur dans nos machines !

Certes, aucune transformation ne peut entièrement consoler de ce chagrin. Mais elle lui donne une forme, un avenir. Elle l'inscrit dans une histoire qui continue, elle lui octroie littéralement une autre vie – une vie qui touche la nôtre et qui, moi, m'apaise. Je me dis que sans ces histoires, je serais un médecin triste. Et donc, sans doute, un mauvais médecin. Avez-vous une idée du nombre de fois par semaine où un médecin est confronté à la mort, à la mort de gens qu'il aime ? Car il les aime – à sa manière certes, parce qu'on ne peut pas soigner quelqu'un sans l'aimer d'une sorte d'amour différent, enfoui profondément, qui tient au mince fil d'humanité qui nous lie les uns aux autres.

Ces métamorphoses m'inscrivent d'abord dans une chaîne, une longue chaîne qui me vient de mes collègues de – 600 avant Jésus-Christ, avec leurs vies qui coulent jusque dans mes veines de soignant. Mais pas seulement. Cette chaîne nous relie tous. Elle nous conduit jusqu'au frigo de Charlotte, c'est-à-dire à Bernard, qui désormais ronfle et ronronne dans la cuisine.

Pour Charlotte, cette métamorphose a un sens, elle la console. Grâce à elle, Bernard est toujours là. Charlotte sait pertinemment qu'il est mort, bien sûr. Mais la métamorphose rend cette pensée beaucoup moins douloureuse qu'un souvenir. Une photo, une tasse à café qu'il aurait tenue entre ses mains, même une fleur qu'il aurait plantée la feraient pleurer, lui rappelant un passé qui n'existera plus jamais. Un passé où Bernard respirait et rigolait encore. Mais ce frigo ? Jamais Bernard ne l'aura touché de ses mains chaudes. Et pourtant, il lui est lié.

La métamorphose est une réincarnation sans passer par la mort et les enfers. Pour ceux qui restent, elle permet d'adoucir le chagrin.

Peut-être aussi pour celui qui s'en va ?

Un jour, alors que je suis étudiant, je dois m'occuper du patient de la chambre 314. Enfin, le patient… L'homme de la chambre 314, pardon. Os, poumons, foie, prostate… Sans distinction, un petit crabe fait sa plage dessus et lui s'en va, dans un coma chaque jour plus profond, sur un chemin chaque jour plus sombre. Je ne sais pas ce qu'il a été. Il ne parle plus, ne fait plus un geste. Il est là où nous l'avons posé. Peut-être rêve-t-il. Espérons-le.

Anasarque : jargon barbare pour dire qu'il a tellement d'œdèmes que l'eau s'infiltre partout. Dans les poumons, dans l'abdomen, à travers la peau. Voilà que la Mort est en train de le changer en éponge géante. Il déborde, comme une rivière sort de son lit. On ne peut pas tenir sa main, elle glisse. Son corps pleut sur les draps ; on les change continuellement et il faut les essorer avant de les sortir de la chambre pour éviter toute glissade malencontreuse. Il est devenu une fontaine qui dort et se répand.

Cependant, comment oublier qu'un jour, avant, l'homme de la 314 a été un enfant.

Qu'un jour, il a appris l'alphabet, à marcher, à dire merci, à demander pourquoi ceci, pourquoi cela.

Qu'il a joué à la marelle, à un, deux, trois, soleil.

Qu'il a volé des cerises.

Qu'il a fait du vélo, avec puis sans petites roues.

Et qu'il est tombé.

Et que son père l'a remis en selle.

Un jour, il a regardé son corps changer.

Il a vu ces drôles de poils pousser à l'adolescence.

Il a découvert le désir, l'amour, l'émerveillement d'un premier corps contre le sien.

Il a observé une chenille s'enfermer dans son cocon, devenir mystère…

Sans savoir qu'un jour, il lui faudrait, lui aussi, se métamorphoser.

Comme tous, il a goûté du vin, fumé une cigarette, joué avec le feu.

Il a mangé gras, salé, sucré. Dansé. Pêché.

Il a couru, toussé, pleuré, crié.

Il a nagé, prié, rêvé.

Il a dévoré une tarte encore chaude.

Et il a eu mal au ventre à cause de la tarte.

Il a mis des chaussettes dépareillées.

Il a travaillé, frappé à des portes, tourné des poignées, acheté une télé, étendu du linge.

Il a aimé.

Avec de la chance, il a aimé.

Peut-être même qu'un jour, il a eu un fils qui est tombé de vélo.

Et il l'a remis en selle.

Comme son père avant lui.

Et le père de son père avant encore.

Voilà l'homme de la 314. Je veux dire : voilà *vraiment* l'homme de la 314. Et nous ne sommes pas différents de lui. Pas plus que la pomme sur la branche l'est de la pomme voisine qui vient de tomber. Il s'est simplement changé en pierre de fontaine, une roche qui ruisselle d'une eau intarissable et claire. Il quitte l'humanité mais reste un terrien, il ne disparaît pas entièrement, il ne nous abandonne pas. Pour celui qui s'en va, la métamorphose est ce qu'il y a de plus près de l'éternité. Et pour tous, ceux qui restent et ceux qui s'en vont, elle est à ce jour le meilleur remède à la mort.

Et l'empathie ? Bordel !

De la bienséance n'est pas un manuel de bonnes manières pour apprendre à impressionner d'éventuels beaux-parents. Il s'agit d'un texte que l'école d'Hippocrate destinait aux futurs médecins, donc à tous mes collègues et à moi, depuis le Ve siècle avant Jésus-Christ. Y sont fixées les règles de bonne conduite définissant l'éthique du soignant antique.

Hippocrate n'appartient pas à la mythologie : il fut un homme de chair et de sang, qui a vécu il y a deux mille cinq cents ans. Mais il est devenu un mythe. Dès l'Antiquité, un culte lui fut rendu, et de belles – mais invraisemblables – histoires ont circulé à son sujet. On racontait par exemple que les abeilles venaient butiner tout exprès près de sa tombe pour enrichir de vertus curatives leur miel et leur cire. Hippocrate aurait sans doute eu la sagesse d'en sourire, voire d'ausculter les lieux pour en déterminer les propriétés particulières. Car parmi les traits de génie de ce petit homme né sur l'île venteuse de Cos, il y avait cette conviction profonde : l'homme se comprend, et donc un malade se traite, en fonction de son environnement. Un corps ne peut être soigné qu'au sein du grand corps de la nature. Une idée bouleversante, surtout pour nous qui faisons aujourd'hui l'expérience – souvent à nos dépens – des liens entre santé, climat, surpopulation ou isolement. La justesse de cette intuition s'impose avec force.

C'est grâce à cette même conviction qu'Hippocrate a su écarter la médecine des croyances irrationnelles et de la superstition. Les maladies ne sont pas des punitions divines : elles relèvent de la nature, tout comme leurs traitements. À l'homme, dès lors, de les découvrir… et de les transmettre. Car la vie d'Hippocrate a tout d'un sacerdoce : soigner, voyager, enseigner, créer des écoles pour partager ses savoirs et son expérience – voilà ce qu'il fit au cours de son existence, longue d'au moins quatre-vingt-cinq ans.

S'il fallait tirer une leçon de son histoire, en voici une, optimiste et lumineuse, qui nous met du baume au cœur : un homme peut, à lui seul, changer et améliorer la vie de tous les autres après lui. Bien sûr, les savoirs, les outils et les traitements qu'il proposait sont aujourd'hui largement dépassés. Mais ce que l'homme de Cos a véritablement révolutionné, c'est le regard porté sur les patients. Cette manière de regarder se dit en grec *théôria*, à l'origine de notre « théorie ». Être médecin, c'est donc avoir nombre de connaissances théoriques mais aussi un certain type de regard sur celui qui va être soigné. D'où les nombreux traités et recommandations hippocratiques sur l'attitude, la morale, l'éthique du médecin.

Le médecin, particulièrement lorsqu'il se rend chez les gens, doit être « sérieux, sans recherche, sévère dans les rencontres, dispos aux réponses, difficile dans les contradictions, sagace et affable dans les conversations, doux avec tout le monde ». Doux, comme son vêtement, dont Hippocrate précise dans son *Testament* qu'il doit être « tout blanc ou d'une couleur proche, doux au toucher et non rugueux ». Il doit aussi faire preuve des qualités suivantes : « désintéressement vis-à-vis de l'argent, réserve, discipline, dignité dans l'habillement, réputation, jugement, placidité, affabilité, décence (...) » – et la liste est encore très longue.

Pourquoi ? Parce que quelqu'un qui vous confie son corps – et plus encore les souffrances de ce corps qu'il ne peut, seul, soulager – mérite qu'on ne le prenne pas à la légère. Il faut le respecter et, pour cela, se montrer respectable. On comprend qu'aux débuts de la médecine, il ait fallu graver ce principe dans la pierre. Rappeler notamment que « les rapports du médecin avec les malades ne sont pas de petits rapports ; car les malades se soumettent au médecin, et lui, à tout moment, est en contact avec les femmes, les jeunes filles et les objets précieux. En présence de tout cela, il faut qu'il soit maître de lui ».

Cela semble une évidence aujourd'hui, un acquis.

Je vais pourtant vous raconter une histoire. Elle ne date pas de l'Antiquité, ni même des temps obscurs d'avant les réseaux sociaux.

Jeune interne, j'étais en stage à Rodez, chez un médecin traitant atroce. Il détestait tout le monde. Pas seulement les patients, ses voisins aussi. Même sa propre famille y passait, et les déjeuners se transformaient en d'interminables réquisitoires où il vidait sa poche à venin tantôt sur Berthe, tantôt sur sa cousine Martine et sur tous les autres.

Une épreuve qui a duré trois longs mois.

Un jour, nous sommes réquisitionnés par la gendarmerie pour établir un certificat de décès. En arrivant sur place, les gendarmes et la famille nous accueillent. Un homme s'est suicidé avec des benzodiazépines[1] et beaucoup d'alcool. Sa fille, la trentaine, pleure son père.

Je demande si je peux entrer. Je retire mes chaussures.

Mon maître de stage, lui, ne demande rien. Il fonce vers la chambre à coucher, devenue salon mortuaire temporaire, sans s'essuyer les pieds sur le paillasson mais en se les essuyant manifestement sur les convenances et les bonnes manières.

Nous examinons le corps de cet homme, les sanglots de la famille nous viennent de la pièce à côté. Une fois le certificat de décès rédigé, le docteur retourne voir la fille et, sans un mot compatissant, lui demande la carte vitale de son père. Je ne comprends pas, peut-être doit-il faire un signalement à la Sécurité sociale ? La fille dit qu'elle est désolée, qu'elle ne sait pas où elle peut être.

– Tant pis, donnez-moi la vôtre. Je me paierai avec ça.

---

1. Les benzodiazépines sont des médicaments qui ralentissent l'activité cérébrale, généralement prescrits pour soulager l'anxiété.

Et le voilà qui insiste :

– Je préfère du liquide si vous avez. Au pire, un chèque.

Il s'agissait d'une réquisition[1] : mon maître de stage aurait, de toute manière, été payé. Mais se tournant vers moi, il ajoute :

– Le paiement, ça met toujours trois plombes avec les réquisitions !

Ainsi, la fille en larmes a dû payer 80 euros pour qu'un médecin certifie que son père était bien mort.

Cette histoire est, somme toute, assez banale. J'ai reçu un jour un récit presque similaire de la part d'un gendarme qui avait été atterré par le comportement d'un de mes confrères. À juste titre. Quand j'ai partagé son récit sur les réseaux, d'autres médecins m'ont reproché de « donner une mauvaise image de mon corps de métier ». Comme si cette image avait besoin de moi pour être salie... 90 % de mon travail d'écriture consiste à faire l'éloge du personnel soignant. Mais, quand je relate les 10 %

1. Parfois, lors d'un décès, la gendarmerie doit réquisitionner un médecin généraliste pour constater la mort effective d'une personne. Le médecin ne peut s'y soustraire et sera payé par la Sécurité sociale.

qui coincent, voilà que je « jette en pâture » le corps médical tout entier.

Cela m'interroge sur l'objectivité de mes contradicteurs. Veulent-ils vraiment soutenir que la maltraitance médicale n'existe pas ? Que c'est un mythe ? Et pourtant, je croule sous les messages de patientes et de patients qui disent le contraire. Je sais aussi qu'il y a des étudiants en médecine qui me suivent sur les réseaux et j'espère qu'en relayant des témoignages négatifs comme celui-ci, je permettrai à certains des soignants de demain de faire preuve de plus de délicatesse.

La maltraitance médicale, ou violence médicale, désigne tout comportement ou acte, qu'il soit intentionnel ou non, de la part d'un professionnel de santé – médecin, infirmier·ère ou autre – qui porte atteinte à la dignité, à l'intégrité physique ou mentale, ou encore aux droits d'un patient. Elle peut se manifester de multiples façons, parfois de manière flagrante, parfois plus insidieusement.

Il y a d'abord la maltraitance physique, comme lorsque des soins sont prodigués sans anesthésie ou sans prise en compte de la douleur, ou encore quand les gestes médicaux sont brutaux, irrespectueux, dénués d'attention. Il y a aussi la maltraitance psychologique : les jugements, les moqueries, l'humiliation, le désintérêt envers le patient, l'absence d'écoute, d'explications, les paroles condescendantes ou infantilisantes. Parfois, lors de maltraitances morales ou éthiques, c'est le consentement même du patient qui est bafoué : un soin est imposé sans son accord, ou sa parole n'est pas entendue, sa douleur minimisée. À ces formes individuelles se greffent des violences plus structurelles, liées à l'organisation même des soins. Le manque de temps, les protocoles rigides, une logique déshumanisante peuvent produire une maltraitance institutionnelle, que ce soit par négligence ou par indifférence. Enfin, d'autres violences spécifiques s'ajoutent : les discriminations grossophobes, racistes, LGBTphobes, ou contre des patients précaires ou en situation de handicap. Les violences gynécologiques et obstétricales, par exemple, sont désormais mieux nommées : elles regroupent des examens douloureux faits sans explications, des épisiotomies sans consentement, ou encore des remarques sexistes durant l'acte médical.

Au fond, la maltraitance médicale survient lorsque le soin cesse de respecter la personne : son corps, sa parole, sa dignité. Même si elle découle parfois d'un manque de formation ou de moyens, elle n'en reste pas moins grave. Elle fragilise la confiance que les patients placent dans le système de santé, et peut laisser des traces profondes sur leur santé physique et mentale.

Non, le milieu médical n'est pas tout blanc.

D'abord, il y a naturellement la même proportion de connards dans le milieu médical que dans la population générale. Et contre cela, il n'existe pas encore de remède.

Mais il y a une chose sur laquelle nous pouvons agir, c'est notre conception de la médecine. Il faut être un dieu ou un mégalomane pour penser pouvoir changer la nature humaine – et le projet est assez sûrement voué à l'échec ou au mieux à l'imperfection. En revanche, changer l'histoire des hommes, ça, c'est à notre portée. Il suffit de nous retrousser les manches, comme Shiva, de nos milliards de petits bras d'êtres humains.

L'histoire, c'est nous qui l'écrivons. Depuis que l'espèce humaine a compris comment écrire, elle choisit ce qu'elle transmet. Et dans l'histoire de la médecine moderne, nous avons choisi de privilégier le « tout biologique ». Le défaut – peut-être le seul mais il est de taille – de cette conception, c'est qu'elle a déshumanisé la médecine en réifiant le corps, en le divisant méticuleusement en pièces détachées qu'on répare ou qu'on remplace. Par conséquent, la relation entre le soignant et son patient s'est étiolée, compartimentée, jusqu'à ne plus être plus profonde que celle que nous entretenons avec des objets, même les plus familiers.

Nous sommes capables de respecter une personne dans son ensemble, parce qu'elle est notre alter ego. Mais un foie, un cœur ou une hanche ? Nous avons pour eux à peine plus de respect que pour les jantes d'une voiture ou un bon morceau de pain. Un peu plus mais tragiquement pas assez.

Un médecin accueille la plainte des patients, de leurs familles. Il faut être digne de cela, en être solidaire. Hippocrate, ou un de ses élèves, précisait : « Le médecin voit des horreurs, touche des choses répugnantes, et à l'occasion des malheurs d'autrui, c'est lui qui recueille du chagrin. »

Cela signifie qu'il doit parvenir – c'est difficile – à se mettre à la place de l'Autre. À comprendre ce qu'il traverse, ce paysage sombre qu'est la maladie et la mort. On peut, j'en suis persuadé, commencer ce métier avec les meilleures intentions du monde, et le cœur assez grand pour faire preuve de toute l'empathie nécessaire. Et puis, on peut se perdre en cours de route. On finit par s'anesthésier aux malheurs des autres.

Et l'empathie ? Bordel !

L'autre jour, à huit heures du matin, je faisais ma visite hebdomadaire chez M. Positron, un chic type qu'un ivrogne au volant a percuté il y a six mois. Trois mois de coma, un mois d'hospitalisation puis le retour à domicile, la kiné, les fixateurs externes, le lit médicalisé, la psy, les infirmier·ères… Pourtant, il garde le moral, M. Positron. Il ne se plaint pas. Il ne se plaint jamais.

À neuf heures, au cabinet, je reçois Mme Normale. Elle suit un régime pauvre en sel, mais sa tension artérielle est encore trop haute. Peut-être parce que j'étais encore habité par le drame de M. Positron, je lui ai dit quelque chose comme :

– Bon, vous avez de l'hypertension, on va commencer un traitement, car c'est un facteur de risque cardiovasculaire majeur…

Et là, Mme Normale s'est mise à pleurer.

Paf ! D'un seul coup !

Sur le moment, je n'ai pas compris. Ce n'est qu'une hypertension, allons ! Pas un handicap, pas de kiné, de fixateurs externes, ou d'immobilisation au lit !

Puis… j'ai pris conscience que Mme Normale n'était pas avec moi, ce matin, devant M. Positron et ses malheurs longs comme le bras. Mais que pour elle, à qui j'annonçais qu'elle devrait prendre un médicament tous les jours jusqu'à la fin de sa vie, pour diminuer le risque d'AVC ou d'infarctus, c'était plutôt normal d'avoir peur et de se mettre à pleurer.

Et moi ? J'étais resté dans ma bulle « M. Positron ».

Il faut que je me crée une bulle pour chaque patient pour ne m'occuper que de lui, et puis que je réussisse à en sortir entre chaque patient.

Mais, au-delà, il faut que je m'adapte, je crois, aux spécificités de chacun d'eux et c'est peut-être cela la définition, la mise en pratique, de ce magnifique sentiment qu'est l'empathie. Se mettre à la place de l'Autre. Essayer de comprendre les émotions qui le traversent, ce qui détermine ses réactions, tenter de marcher avec ses chaussures.

Peut-être que cela ne s'apprend pas.

Ou peut-être que si, en se mettant parfois littéralement *à la place du patient.*

Nouveau souvenir de mon internat. Je dois alors avoir vingt-trois ans. Nous sommes tous en réunion avec le grand chef de service, une sorte d'icône de la médecine, révéré par des générations d'étudiants malgré sa sévérité et sa manière bien à lui d'instaurer un climat de terreur au sein de ses subordonnés. Lors de cette grand-messe du jeudi, chacun présente un patient qui pratique la « pédagogie spartiate » – si tu changes beaucoup de lettres à « pédagogie spartiate », ça fait « grands coups de pied au cul ». Vient mon tour, le fameux chef se tourne vers moi, je me lance :

– M. H., quatre-vingt-treize ans, resté au sol seize heures avant d'être amené à l'hôpital. Il n'arrivait pas à se relever[1].

Je termine ma présentation, plutôt satisfait, pensant avoir été exhaustif.

Le chef, dubitatif :

– Ton patient, tu l'as mis par terre ?

– Pardon ?

Le chef, comme si j'avais de la féta dans les oreilles :

– EST-CE QUE TU AS MIS LE PATIENT PAR TERRE ?

Je pense tout bas : « Bah oui ! Je l'ai déshabillé, jeté au sol, fouetté avec une pelle en hurlant des chants militaires allemands après avoir mis ma

1. Dans le syndrome de la tortue, le patient est coincé sur le dos sans pouvoir se retourner. Ce n'est pas très bon pour la santé…

combinaison lapin en latex rose que les vieux de quatre-vingt-treize ans adorent. »

Mais je dis plutôt :

– Non. Pou… pourquoi ?

Le chef change de ton et explique simplement :

– Ton patient, tu le mets par terre. Tu regardes pourquoi il ne se relève pas. Et tu lui apprends. Comme ça, quand il retombera – et crois-moi, ils retombent toujours –, tu lui auras appris à se relever. OK ?

Dix minutes plus tard, mise en place du plan. Me voici devant M. H., affolé, allongé sur le dos, se tortillant sur le sol comme la tortue renversée sur le sable. Comment me dépatouiller de cette situation ubuesque ? En faisant la seule chose sensée : je m'allonge à côté de lui, sur le carrelage froid de l'hôpital. Et tous les deux, on apprend à se relever.

Dans l'Antiquité, en l'absence de technologie, ne serait-ce que des instruments de mesure qui sont pour nous aujourd'hui rudimentaires, le médecin n'avait que son savoir et le dialogue avec le patient pour le soigner. Médecin et malade étaient coude à coude pour lutter contre la maladie. Je garde les yeux écarquillés d'admiration quand je pense à mes collègues du très lointain passé, et je m'interroge : pourquoi avons-nous abandonné cet « art de l'humain » que constitue aussi la médecine ?

On dirait une malédiction antique, une sorte de tonneau des Danaïdes où chaque avancée technique engloutirait une avancée *humaine* antérieure. Comme si les progrès technologiques avaient pris la place du reste, chassé l'humanisme de la médecine, alors qu'il n'y avait que de la complémentarité entre les deux. Nous aurions tout à gagner à allier les deux.

Rappeler ces vieux textes cacochymes, ce n'est pas dire « c'était mieux avant », mais plutôt affirmer que cela pourrait être tellement mieux *maintenant*, si nous combinions la sagesse du passé et les savoirs du présent.

Armés de nos bistouris, lasers et pilules magiques, ne pourrions-nous pas simplement, redevenir humains ?

Et bien coiffés, pour faire plaisir à belle-maman.

Le chien d'Ulysse

« Un jour, j'arrive à l'hôpital un peu en retard. Je me suis disputé avec mon épouse le matin même, ce qui m'a préoccupé tout le trajet. J'embauche, j'enfile ma blouse, et aussitôt on me dit :

– Va t'occuper de la 206, on est à la bourre !

J'y vais. J'aide un vieil homme hospitalisé à s'installer sur la chaise percée pour qu'il puisse se soulager. Mais au même moment on m'appelle :

– Va à la 209, y a une urgence !

Alors j'abandonne un instant le papi et je pars fissa m'occuper de l'urgence, tout en songeant encore à l'engueulade de ce matin avec mon épouse.

Quand je reviens de mon urgence pour voir où en est le patient de la 206, sa famille est dans le couloir avec le directeur, et ça crie au scandale. Le directeur me demande :

– Qui a laissé le patient sur la chaise percée et a oublié de fermer la porte derrière lui en quittant la chambre ?

Je réponds, rouge de honte :

– C'est moi.

La famille est furieuse. Ils sont arrivés et ont vu leur ancêtre en train de faire ses besoins – d'ailleurs tout le monde a pu le voir parce que je n'avais pas refermé cette satanée porte ! J'aurais voulu leur dire, à cette famille, que j'étais désolé, que j'ai le plus grand respect pour leur papi, pour tous mes patients en général d'ailleurs, mais que je pensais à autre chose.

Et puis ça fait dix-sept ans que j'exerce ce boulot, alors les selles, l'urine, le vomi, tout ce qui dégoûte les gens du dehors, moi c'est mon quotidien. Quand t'es infirmier, t'as tous tes tabous qui sautent. Et à une vitesse folle en plus. »

Un infirmier avec lequel je travaillais m'a un jour confié cette anecdote. Il m'émeut, ce soignant, parce qu'il ne se soustrait pas à sa responsabilité. Il a commis une erreur, il le reconnaît, et en essayant de la comprendre, il réinjecte de l'humain dans son travail, là où le quotidien a tôt fait de nous changer en machine sans âme.

Un robot ne se trompe pas. Un humain si.

Parce qu'un humain, ça ne se programme pas aussi facilement. Parce qu'il y a des fantômes dans sa machinerie intérieure qui naissent de péripéties aussi anodines qu'un désaccord conjugal. Pourtant, c'est cette faille, cette faute, qui fait que notre infirmier honteux peut être fier.

Fier d'être honteux ?

Fier d'être humain !

L'humain, ce n'est pas seulement la potentialité de commettre des erreurs, avec la volonté louable de ne plus recommencer, mais c'est aussi le regard, le toucher, le dégoût, toutes les sensations et les émotions de l'existence qui s'émoussent ou se déforment avec le temps.

Il en faut, du temps, pour qu'un homme passionné par ce qu'il fait, comme cet infirmier, s'use au point de devenir négligent.

Il en faut aussi, du temps, pour qu'un homme soit si faible qu'il se néglige lui-même et que, sans l'aide d'un autre il ne puisse plus agir, qu'il s'oublie – littéralement, comme quand on dit « s'oublier » pour dire qu'on a uriné ou déféqué malgré soi.

Ce laps de temps qui nous semble long en théorie arrive pourtant si vite dans une vie. Un pépin de santé, et comme le vieux papi, on a désormais besoin des autres pour faire ses besoins.

Je dis « on » parce que justement, c'est Mme et M. Tout-le-monde, moi, nous, vous y compris, cet infirmier et ce vieux monsieur. Voici sans doute ce qui nous rebute le plus, nous qui sommes aussi la famille de notre patient : la peur. La peur que, même si on n'y croit pas, cela se réalise, que cela nous arrive à nous aussi, comme dans ces mythes qui ont accompagné nos vies et qui nous fascinent, nous effraient et nous enseignent.

Quand il rentre à Ithaque après vingt ans de pérégrinations, Ulysse non plus n'a pas vu le temps passer. Pourtant, déjà, il ne reconnaît plus rien, et plus personne ne le reconnaît. Pour parfaire l'illusion, le mythe raconte que la déesse Athéna « ride la peau délicate d'Ulysse sur ses membres flexibles ; dépouille la tête du héros de ses cheveux brillants et donne au fils de Laërte tout l'extérieur d'un vieillard cassé par l'âge ; puis ternit les yeux d'Ulysse, autrefois si vifs, si étincelants. La déesse lui jette ensuite sur les épaules un manteau hideux, une mauvaise tunique, déchirée, noire, grasse de taches encore plus sombres ». Pour achever cette transformation, elle lui donne une peau de bête écorchée. Non seulement il est vêtu de haillons crasseux et troués, mais ce qui en dépasse sont des chairs proches de la putréfaction et pleines d'escarres. À côté, notre papi est pimpant !

Ulysse, méconnaissable, n'est reconnu de personne, pas même de son fils Télémaque, qui finit par abandonner le pauvre vieillard à sa misère. Il le confie à un porcher après avoir demandé à ce dernier d'aider le pauvre hère à se trouver à manger.

Là encore, un bréviaire d'humanité : Télémaque n'arrive pas à faire davantage pour ce père qu'il ne reconnaît plus – et combien d'enfants ne pourront pas faire plus, eux aussi, face à un parent que la vieillesse a rendu méconnaissable ?

Le porcher est comme notre infirmier : il fait de son mieux, mais parfois il est négligent, et il en a honte. Lorsqu'il doit abandonner Ulysse cacochyme – mieux valait ne pas être vu aux côtés d'un mendiant –, ce dernier lui répond :

– Je sais, je comprends, et je ferai avec intelligence ce que tu dis. Va devant, et je resterai ici. J'ai l'habitude des blessures, et mon âme est patiente sous les coups.

Il allait être laissé seul, couvert de vermine, oublié et s'oubliant, glissant et tombant lentement hors de l'humanité, lorsque son chien, Argos aux yeux qui brillent, bondit sur son tas de fumier pour venir faire fête à son maître, qu'il a, lui seul, reconnu.

Moi, je veux être le chien d'Ulysse – et pas seulement parce qu'il est dit qu'il avait un très beau corps. Je veux être capable de reconnaître un patient derrière le tas de fumier qu'est sa vie. Et je crois que, quelque part, tous les médecins sont un peu Argos aussi.

Rapidement, si ce n'est tout de suite, un jeune soignant se prend cette vérité au visage : un médecin n'est pas un tueur de maladies, un sniper de microbes ou un pourfendeur de virus. C'est un clerc, c'est-à-dire un lecteur, un humaniste. En première intention, il cherche : il lit l'humanité pour voir ce qu'il faut faire pour la préserver du reste, de ce qui l'attaque, la dégrade, la rend douloureuse voire insupportable à soi et aux autres. Il lit l'histoire qui est écrite sur un corps. Il n'en a pas forcément besoin pour délivrer une ordonnance, mais pour lui, pour avoir une meilleure pratique et, par voie de conséquence, devenir un meilleur médecin pour les autres.

Il a aussi besoin de garder en mémoire les cas qu'il a soignés. À cette fin, il doit s'en faire des histoires ou bien les rattacher à d'autres histoires, pour toujours les considérer comme dignes d'intérêt – c'est pour cela qu'il est toujours aussi un écrivain.

Imaginons notre jeune soignant en stage à l'hôpital public. Encore naïf, et plein d'illusions, il doit s'occuper d'une patiente. Mme Pachamama, quatre-vingt-seize ans, démence cognitive au dernier degré, chambre 7. Elle se plaint de violentes douleurs du ventre. Rien de bien méchant, juste un besoin naturel qui ne vient pas.

– Faites-lui un Normacol, prescrit l'interne au jeune soignant, désignant par ce terme un lavement laxatif communément utilisé dans les hôpitaux français.

Une demi-heure après, le stagiaire entend l'aide-soignante pousser une immense clameur :

– Oh mon Dieu ! Oh mon Dieu ! Oh mon Dieu !

La pièce a été retapissée en marron, du sol au plafond. Le stagiaire est stupéfait : c'est la première fois qu'il est confronté à une telle situation, où il va devoir nettoyer les excréments d'une patiente devant la patiente.

Comment réagir ? Comment envisager cette scène, nouvelle pour lui, cette irruption d'un tabou dans sa vie : celui de l'intimité, et de l'hygiène, et de la défécation d'un autre être humain hors du cadre personnel et privé qu'offrent des toilettes fermées à clé ?

Mille et un chemins s'ouvrent à lui à cet instant.

Il peut râler, s'insurger, peut-être même avoir envers la patiente un geste déplacé traduisant son agacement. Laisser alors, peut-être, la maltraitance entrer dans sa vocation de soignant.

Il peut nettoyer, se taire et enregistrer en son for intérieur que, à l'image de l'infirmier qui me confiait son histoire plus haut, les selles ne sont finalement que ça : des selles. Et ainsi, laisser la grande sourdine de l'habitude et du train-train faire un premier pas vers la mithridatisation de son âme. Peut-être finira-t-il un jour par dire : « Et puis ça fait dix-sept ans que j'exerce ce boulot, alors les selles, l'urine, le vomi, tout ce qui dégoûte les gens du dehors, moi c'est mon quotidien. »

Il peut choisir une autre voie. Une voie humaniste et littéraire, celle qui fait appel à l'infinie capacité de l'homme de « raconter des histoires ». Il peut considérer cette vieille dame démente et voir en elle une déesse primitive et chthonienne échappée du fond des âges, recouverte de glaise et de glyphes, dressée sur son autel, les mains en l'air, dessinant d'indescriptibles imprécations en grec ancien.

Grand-mère devenue vénérable chamane, dame Pachamama a lancé une profonde et très secrète incantation : en grec c'est presque un joli mot, bien rythmé, « coproémétique », plus joli et énigmatique que « Normacol » en tout cas, qui a un sens voisin et désigne le même effet, un laxatif trop puissant. Ou bien peut-être est-elle comme Ulysse. Elle a vécu tellement de choses, tantôt monstrueuses, tantôt merveilleuses, qu'elle ne sait plus totalement qui elle est : elle ne reconnaît plus rien, plus personne, et personne ne la reconnaît. Alors elle sombre et s'oublie, jusqu'à ce que le chien d'Ulysse vienne la reconnaître et la saluer pour ce qu'elle est : dame Pachamama, une personne, une belle personne couverte de fiente et qu'il faut soigner, nettoyer.

Percevoir son humanité dans son propre fumier sera un beau soin à lui apporter (ainsi que baisser la dose de Normacol). Si Argos a reconnu Ulysse, alors un soignant stagiaire devrait pouvoir lui aussi reconnaître les archétypes derrière les situations banales, et ramener chaque être humain à sa part de mystère, à la mythologie qui sommeille en lui.

Liberté, égalité, sororité

En tant que médecin, il m'arrive d'accompagner des femmes enceintes qui ne souhaitent pas poursuivre leur grossesse, pour plein de raisons différentes. C'est, à chaque fois, une responsabilité qui m'oblige : je dois être à la hauteur. Certaines vivent mal cet événement, elles ont le droit d'être accompagnées avec le plus de bienveillance et d'empathie possible. D'autres ne vivent pas mal cet événement, et elles ont exactement le même droit.

Autour de l'interruption volontaire de grossesse gravitent quantité de préjugés et de fausses informations, évidemment entretenus à dessein, dans le but de menacer le droit des femmes à disposer de leurs corps. Parmi ces armes idéologiques, une de poids est la « tradition antique » brandie comme une vérité ancestrale mais qui sonne comme une trahison quand on sait à quel point l'image véhiculée de l'Antiquité est souvent le reflet de nos propres fantasmes. Nous créons du mythe à partir de l'histoire ancienne, et si l'exercice est parfois un joli pied de nez, il sert aussi à justifier des horreurs. Dans le cas de l'IVG, des récits tragiques et culpabilisants sont invoqués. Vous entendrez peut-être un des partisans anti-avortement affirmer que dans l'Antiquité, l'avortement était interdit, insinuant ainsi que même à une époque où la barbarie était monnaie courante, on jugeait déjà odieux de mettre un terme à une grossesse. Conclusion implicite : ceux qui se battent aujourd'hui pour défendre ce droit seraient plus barbares que les barbares.

Vous entendrez – et c'est un signe autant du recul des humanités que de l'humanité – des médecins prétendre que le serment d'Hippocrate leur interdit de pratiquer l'IVG ; manière assez veule (mais bien humaine) de convaincre – et de se convaincre également – qu'il serait légitime de ne pas porter assistance à une personne en souffrance. Ce qui, soit dit en passant, est assez contradictoire avec ledit serment !

Précisons une chose : les médecins prêtent serment au moment de la soutenance de thèse – c'était déjà le cas à mon époque. L'événement a perdu de sa solennité car on ne les sensibilise plus guère aux humanités classiques – ce qui est déplorable, nous y reviendrons. Ils récitent un texte abrégé et traduit. Présenté comme tel, c'est la porte ouverte à toutes les mésinterprétations.

Alors, que ce soit dit une bonne fois pour toutes, voici le texte, qui est très clair. D'abord en grec, pour le chic :

> Οὐ δώσω δὲ οὐδὲ φάρμακον οὐδενὶ αἰτηθεὶς θανάσιμον οὐδὲ ὑφηγήσομαι ξυμβουλίην τοιήνδε. Ὁμοίως δὲ οὐδὲ γυναικὶ πεσσὸν φθόριον δώσω.

Et en français :

> « Je ne donnerai à personne, même sur sa demande, une drogue mortelle, ni ne prendrai l'initiative d'une telle suggestion. De même, je ne remettrai pas non plus à une femme de pessaire abortif. »

Un pessaire, c'est une sorte d'anneau ou de grosse pièce – l'équivalent antique de l'ovule qui est prescrit en cas de mycose, mais en plus gros –, imbibé de substances irritantes, qui est introduit dans le vagin, souvent piqué ou pincé sur une aiguille longue de vingt centimètres. Une pratique qui tournait souvent très mal pour les femmes.

Ce que dit ce texte, et ce qui lui donne une lucidité et une modernité bouleversantes, c'est qu'il y a des actes qui ne doivent pas être réalisés sans l'accompagnement d'un médecin. Deux, précisément : l'euthanasie et l'avortement. Cela ne signifie en aucun cas qu'ils sont interdits. Au contraire, cela implique que le médecin ne doit pas laisser faire, ni encourager, le patient ou son entourage à agir tout seuls. Il ne doit pas livrer à lui-même quelqu'un qui veut quitter la vie ou avorter.

L'interdiction d'avorter n'est absolument pas présente chez Hippocrate. C'est un mythe. Et ceux qui le propagent sont des « mythos », des menteurs, sans le talent d'Homère ou des poètes grecs.

S'il fallait des preuves supplémentaires, plongeons dans le reste des œuvres d'Hippocrate, ce qui s'appelle le corpus hippocratique. Il mentionne pléthore de recettes abortives, utilise deux mots distincts selon le moment où l'avortement est pratiqué et suivant l'état de la grossesse, et surtout s'inquiète des dommages causés par un avortement sauvage. Alors, qui est rétrograde ? Les anti-IVG sont plus arriérés qu'un médecin grec du Ve siècle avant Jésus-Christ.

Camus disait : « Mal nommer un objet, c'est ajouter au malheur de ce monde. »

Commençons donc par bien nommer les choses, en leur donnant leur juste poids. D'abord, un chiffre : 24 millions. C'est le nombre d'IVG clandestines pratiquées chaque année dans le monde, selon les estimations des ONG.

Ce chiffre en cache surtout un autre. Il y a la même proportion d'IVG pratiquées dans les pays où celle-ci est légalisée que dans ceux où elle est interdite. Quelle que soit l'opinion que nous aurions sur l'IVG, une chose est certaine : une femme enceinte qui ne veut pas avoir d'enfant trouvera un moyen de ne pas en avoir.

En tant que praticien avec de nombreuses années d'exercice, je peux également affirmer haut et fort : l'IVG « de confort » n'existe que dans les fantasmes. Et ces chiffres le prouvent. En général, rien n'est fait pour rendre la vie des femmes simple dans notre société patriarcale, et ni l'IVG, ni même la contraception, n'échappent à la règle – règles et lois le plus souvent édictées par des hommes. Quand on constate que des gouvernements modernes

– comme le gouvernement polonais[1] majoritairement composé d'hommes – menacent d'interdire l'IVG, on ne peut qu'y voir l'éternelle injustice : ce sont encore et toujours les hommes qui décident pour le corps des femmes.

Ne parlons même pas des tampons et des serviettes hygiéniques qui seraient remboursés par la Sécurité sociale… Mais ça, c'est un autre débat – débat qu'il faudra ouvrir également.

Dans des contextes sanitaires ou sociaux délabrés, combien de femmes seront condamnées à mourir ou à être mutilées ? Combien de décès chaque année causés par septicémie après un avortement clandestin ? Et combien de souffrances épargnées si l'IVG était légalisée ?

Car nous ne devons pas être dupes, la mécanique est connue. Dans les pays où l'IVG est interdite, les femmes riches parviennent toujours à avorter dans des conditions relativement sécurisées.

---

1. Le gouvernement Tusk III, en place en Pologne en décembre 2023, est composé de dix-huit hommes et neuf femmes. Après un remaniement en mai 2024, il y a désormais dix femmes pour seize hommes. La victoire du nationaliste Karol Nawrocki aux dernières élections présidentielles ne laisse cependant pas présager d'améliorations à venir.

Les femmes pauvres, elles, seront condamnées parfois à de la prison, ou subiront une grave infection et trop souvent mourront alors que cela aurait pu être évité. Une injustice qui s'ajoute à toutes les autres.

Aujourd'hui, dans les pays où l'avortement est illégal, le taux de morbi-mortalité[1] féminin est trente-cinq fois plus élevé. Vous vous rendez compte ? Combien de femmes qui meurent, là maintenant au moment où j'écris, au moment où vous me lisez ? En tant que médecin accompagnant des femmes souhaitant avorter, cette idée m'est insupportable.

Pensons-y chaque fois que les opposants à l'IVG se font appeler les « pro-vie ».

Soit l'IVG est illégale et les femmes meurent. Soit l'IVG est légale et ces femmes survivent – et surtout, elles ont le choix.

Et si l'on en doutait encore : l'avortement légal n'a jamais fait augmenter le nombre des IVG

1. La morbi-mortalité désigne l'ensemble des conséquences d'une maladie en termes de souffrance (morbidité) et de décès (mortalité). C'est un indicateur souvent utilisé pour évaluer la gravité ou l'impact d'une maladie ou d'un acte médical (comme une chirurgie, un traitement, etc.).

pratiquées. En revanche, sa légalisation fait baisser drastiquement le taux de mortalité lié à l'IVG clandestine.

En France, une femme sur trois a recours à l'IVG au moins une fois dans sa vie. Autrement dit, un tiers des Françaises de votre entourage. Évidemment, ce chiffre augmente dans les pays où l'accès à la contraception est difficile…

À propos de contraception, rappelons une donnée essentielle. Trois avortements sur quatre sont pratiqués sur des femmes qui étaient *déjà* sous contraception – pilule, stérilet, préservatifs confondus ! Tout simplement parce que aucune méthode contraceptive n'est infaillible. Prenons la pilule par exemple. En condition d'utilisation optimale, en théorie donc, son efficacité est de 99,7 %. Autrement dit, sur mille femmes qui prendraient leur pilule à heure fixe absolument chaque jour, il y aura tout de même trois grossesses au bout d'un an. En pratique, son taux d'échec est de 8 %, ce qui signifie que sur cent femmes qui la prennent, huit tombent enceintes sur une année d'utilisation. Oui, il y a, et c'est humain, des ratés dans l'utilisation des contraceptifs. Quel homme serait capable de prendre *tous les jours* un comprimé sans *jamais* l'oublier ?

Aucun.

Pour ces femmes, que font celles qui ne veulent pas ou ne peuvent pas poursuivre une grossesse ? Elles ont recours à l'avortement. Que ce soit légal ou non.

Et si nous retournions le problème ?

Si les hommes étaient tenus responsables des conséquences chaque fois qu'ils jouissaient avec une femme – c'est bien le seul domaine où ils laissent leur impérialisme dans leur poche –, s'ils devaient engager leur corps, leur santé, leur carrière, leur avenir pour les quatre-vingts prochaines années à chaque éjaculation ?... L'IVG serait depuis belle lurette un droit inaliénable et inscrit dans la Constitution.

C'est pourquoi je le dis : la liberté que nous, hommes, souhaitons pour nous-mêmes, ne la refusons pas à l'autre moitié de l'humanité.

Oui, je suis convaincu que si chaque rapport sexuel engageait un homme autant qu'il engage aujourd'hui une femme, alors serait gravé sur tous les frontons des mairies :

LIBERTÉ ÉGALITÉ FRATERNITÉ IVG

Allons plus loin.

Imaginons un monde où les femmes pourraient mettre les hommes enceints chaque fois qu'ils ont un rapport sexuel. Où ce seraient les hommes qui porteraient les bébés dans leur ventre, comme les hippocampes. Dans la mythologie, ce monde a existé. Deux fois. Zeus, le maître de l'Olympe et roi des autres dieux, est amoureux – comme souvent. La jeune femme est une princesse de Thèbes nommée Sémélé. Très amoureuse elle aussi, Sémélé demande à voir dans sa vérité son amant mystérieux (rappelons que les dieux n'apparaissent aux hommes que déguisés). Zeus sait que les mortels ne peuvent supporter la vue de la véritable apparence des divinités, mais comme il est fou d'amour pour elle, il obtempère, la mort dans l'âme. Sémélé meurt sur le coup, foudroyée à sa vue. Elle était enceinte de six mois.

Dans la mythologie (et aujourd'hui dans la réalité), un bébé de six mois est viable. Pour sauver leur enfant à naître, Zeus recueille le petit et le coud à sa cuisse, où il termine sa gestation. Zeus est donc « enceint », pendant trois mois, du petit dieu Dionysos. C'est d'ailleurs de ce mythe qu'est née l'expression « se croire sorti de la cuisse de Jupiter » pour dire de quelqu'un qu'il se prend pour plus qu'il n'est réellement. Zeus envoie Dionysos chercher Sémélé aux Enfers pour en faire une déesse de l'Olympe, où elle devient immortelle sous le nom de Thyoné.

Zeus avait déjà été « enceint » d'Athéna, portée quelques jours dans son crâne, qu'elle a fracassé en naissant. Après cette expérience, il fait d'Athéna la plus puissante des déesses.

Ce mythe nous fait sourire – et c'est tant mieux. Mais il devrait aussi nous faire réfléchir.

Nous, les hommes, nous avons un exemple, et pas le moindre, sur le fait que nous pouvons, nous aussi, avoir cette empathie. Je ne demande pas de se coudre une ceinture de dix kilos autour du ventre ou de la cuisse – encore que ce serait rigolo, en plus d'être bon pour les pectoraux ou les quadriceps. Ni même d'arrêter d'un coup de fumer, de boire, de courir ou de voyager. Mais au moins peut-être pourrions-nous faire preuve d'intelligence. Intelligence que les Grecs avaient – du moins dans leur imaginaire, car la réalité des femmes grecques était une tout autre histoire.

Peut-être pourrions-nous enfin nous mettre à la place de l'Autre, au lieu de considérer que le corps des femmes est comme un pays conquis, un terrain politique où se jouent des batailles qui n'ont rien à voir avec leur santé ou leur droit à l'autodétermination.

Nous ne sommes ni des dieux, ni des hippocampes, mais nous savons imaginer, nous projeter, tous, et la mythologie nous permet d'aller un peu plus loin dans ce domaine.

Prenons une actualité récente : le Syngof, syndicat des gynécologues obstétriciens de France, s'est dit prêt à entamer une grève des IVG pour se faire entendre du ministère de la Santé et obtenir satisfaction concernant une revendication visant à rehausser le plafonnement d'un fonds de garantie financier qui les aide en cas de faute. Précisons d'emblée que le Syngof, c'est ce syndicat dont le président, Bertrand de Rochambeau, avait comparé l'IVG à un homicide lors d'une interview pour l'émission *Quotidien*.

Bien.

Imaginons un instant que dans ce monde inversé, ce syndicat ne regroupe pas des spécialistes de la santé des femmes, mais des « andrologues obstétriciens », des gynécologues pour hommes en somme. Que ces mille six cents professionnels entièrement dédiés à la santé sexuelle des hommes soient dirigés... par des femmes ! Bon, c'est bizarre, mais pourquoi pas...

Maintenant, imaginons que sa présidente, Berthe de Rochambeau, revendique son refus d'accompagner les hommes dans la libre maîtrise de leurs testicules. Pire : que parmi TOUTES les spécialités médicales, elle ait choisi la seule, l'unique où elle savait, et ce dès le début de ses études, qui durent tout de même une décennie, qu'elle aurait à pratiquer des IVG.

Et allons plus loin : imaginons que ce syndicat, représentant la seule profession (avec les sages-femmes) *entièrement* dédiée à la santé sexuelle des hommes (on est toujours dans le monde inversé), menace, par la voix de son ancienne présidente Jeanne Marty, de « faire la grève des IVG ». Autrement dit, de brader la santé des hommes et leur droit fondamental de disposer librement de leurs corps !

Ce serait l'émeute. La révolte unifiée de tous les porteurs de testicules hurlant à l'unisson : « Oh là là ! Mais c'est quoi, ces criminelles censées nous soigner, nous les hommes, qui prennent en otage nos testicules et s'en servent comme levier de négociation avec le gouvernement ! C'est anti-déontologique ! »

Évidemment, on se tournerait vers le conseil de l'Ordre des médecins, on exigerait des sanctions immédiates. Mais comme ce conseil de l'Ordre serait *aussi* dirigé par des femmes, inutile d'espérer quoi que ce soit…

Et si jamais, sous le coup de cette colère, il y avait eu des violences, si des manifestions avaient dégénéré, si des vitrines se retrouvaient tachées de sperme, voire si quelques coups de boule avaient été assénés, bien sûr qu'alors justice aurait été faite *manu militari* et que les victimes seraient rapidement devenues les coupables.

Eh bien, ce syndicat existe dans le vrai monde. Son ancien président, Jean Marty, n'ignore pas que menacer de faire la grève des IVG suscitera une polémique. Il instrumentalise donc et l'utérus des femmes et ensuite les voix des féministes car il sait que leurs indignations serviront de caisse de résonance à ses revendications.

Cette instrumentalisation au carré est indigne d'un syndicat de soignants ayant dédié leur vie au service de la santé des femmes.

Le bâton d'Asclépios

Le corps humain est capable de s'épancher par tous les trous et de multiples façons.

Du nez et des oreilles : rhinorrhées claires et purulentes, rhinorrhées antérieures et postérieures, rhinorrhées cérébro-spinales, épistaxis antérieures, épistaxis postérieures, otorragies.

Du tractus digestif haut : hématémèse, crachats clairs et purulents, expectorations rosées, expectorations claires, vomissements fécaloïdes, vomissements alimentaires, vomissements biliaires ; et du tractus digestif bas : selles normales ou couleur mastic, méléna, rectorragies de sang clair ou foncé, diarrhées aqueuses, diarrhées glairo-sanglantes, stéatorrhées.

Des organes génitaux externes : leucorrhées blanchâtres ou verdâtres, hémospermie, sperme, cyprine, ménorragie, ménométrorragie, menstruations, spotting ; mais aussi de l'urètre : urines claires ou foncées, hématurie microscopique, hématurie macroscopique, pus, fécalurie.

Des poumons : pleurésie claire, pleurésie purulente, pleurésie néoplasique, pleurésie sérofibrineuse ; de l'abdomen : ascite inflammatoire, exsudative, transudative, chyleuse et de l'espace péridural : liquide céphalo-rachidien clair, liquide céphalo-rachidien foncé, liquide céphalo-rachidien purulent.

Et finalement, des yeux : rien que des larmes. Rien d'autre – ce qui, soit dit en passant, me paraît *vraiment* suspect.

Le corps est une machine qui nous fait, tous, couler quelque part de quelque chose. C'est une usine et le médecin en est le petit ouvrier qui colmate ici et là l'organe qui dérape, quand il le peut, quand il voit la fuite. Ça c'est de la médecine de base, sans subtilité et qui pourrait même être facilement remplacée. Mais parfois, on ne parvient pas à trouver la fuite, ou quand on la trouve, on ne peut plus rien faire pour reboucher.

J'avais ce patient, malade, cancer, stade bien avancé. Il était suivi à domicile, c'était mieux pour lui. Il préférait rester chez lui, et ça soulageait aussi les services hospitaliers.

Je passais le voir de temps en temps. En tant que médecin bien rodé, on essaie de garder ses distances, de ne pas s'impliquer émotionnellement. Pour ne pas brouiller notre jugement. Pour ne pas trop souffrir quand il partira – et il partira, ils partent toujours à ce stade-là.

Et puis un jour, il se confie. Son enfance, son adolescence, sa passion pour la photographie. On écoute. On répond, par politesse, au début. Puis on engage la discussion. Et on repart.

Les jours passent. On revient évaluer la douleur, régler la morphine. Le fils est là, il vous propose un café. On accepte, parce qu'on est au début de la journée et qu'elle sera longue. On boit le café ensemble sur le balcon.

Le temps passe. Vous rencontrez la fille. On fume avec elle, parce qu'elle a besoin de fumer.

Le temps passe encore. L'hospitalisation à domicile n'est plus possible. Alors on le fait admettre en service de soins palliatifs.

On va à l'hôpital. Les enfants nous parlent dans une pièce dédiée à l'accueil des familles. On est au bord des larmes et on fait tout pour le cacher. Mais ils le voient. Et on s'en veut. Pas pro. Ce n'est pourtant pas votre père, pas votre famille. Juste un patient. On repart.

Leur père décède paisiblement.

Un an après, on reçoit un mot de la part des enfants. « Nous n'oublierons jamais vos larmes dans cette petite pièce, à l'hôpital. Nous avons compris que notre père avait été accompagné par un médecin mais aussi par un humain, et peut-être un ami. Ça nous a aidés. Merci pour ça et le reste. »

« *Ça nous a aidés.* »

Parfois la guérison n'est pas possible et le patient est condamné. Même là, même quand la médecine déclare forfait, il y a toujours quelqu'un à guérir : la famille. Les proches. Ceux qui ont aimé et qui aiment encore.

La guérison trouve toujours un chemin entre les mains d'un soignant, parfois sans même qu'il le sache. Et cette simple vérité non seulement donne du sens à nos professions, mais elle nous rend héroïques.

C'est le moment pour moi de vous faire une révélation, ou une confession, non sur moi ou sur un patient célèbre mais sur Asclépios – vous savez, le dieu de la médecine.

Eh bien justement, Asclépios n'est pas un dieu. Il est un homme, comme vous, moi, et quelques autres. Il est temps que vous connaissiez son histoire.

Sa mère, Coronis, est très belle (comme la mienne). Elle habite une contrée boisée, pauvre, mais elle n'est pas dans le besoin. Elle a d'autres problèmes : elle a eu une liaison avec un jeune homme, Ischys, et maintenant elle est enceinte sans être mariée. Elle dit qu'elle n'a pas fauté (et c'est vrai !) mais que l'enfant est du dieu des arts, Apollon. Des auteurs lui donnent raison et la font mourir des flèches d'Apollon (ou d'Artémis sur son ordre), furieux d'être cocu. D'autres lui donnent tort et la font tuer par son père, courroucé par l'inconduite de sa fille. Dans les deux cas, vous l'avez compris, c'est un homme en colère qui tue une femme qui n'a rien fait d'autre que d'avoir une relation sexuelle.

L'enfant, lui, a été sauvé et confié au centaure Chiron. Celui-ci lui enseigne comment soigner grâce aux plantes. Asclépios est si doué qu'Homère lui-même évoque ses talents de médecin. Ses deux fils servent comme chirurgiens lors de la guerre de Troie. Grâce à eux trois, mais surtout grâce aux filles d'Asclépios, notamment Hygie et Panacée, quantité d'hommes et de femmes sont sauvés.

Mais, comme tous les hommes, Asclépios va trop loin. Athéna lui confie la tête tranchée de Méduse, l'une des trois Gorgones – souvenez-vous, la jeune femme au regard pétrifiant et aux cheveux de serpents… Bref, du sang ou du venin contenu dans cette tête il parvient à extraire deux substances, l'une donne la mort à tous les coups, et l'autre la vie. Avec cette dernière, il ressuscite plusieurs personnages de la mythologie, moyennant des honoraires élevés.

Les dieux de la mythologie sont plus libéraux que nous dans beaucoup de domaines, mais ils ne badinent pas avec la mortalité. Car si les humains deviennent immortels, soit ils deviennent des dieux, soit les dieux ne sont plus des dieux. Pour marquer le coup, Zeus foudroie Asclépios. De lui il ne reste plus que son bâton, autour duquel s'enroule l'un des serpents issus de la chevelure de Méduse.

J'aime cette histoire. Elle rappelle que le médecin, dans sa pratique, se doit d'être héroïque et modeste à la fois. Sa particularité, sa nature – sa fierté même – de médecin ne résident pas dans son pouvoir, mais dans son humanité : nous ne sommes pas là pour triompher de la mort, mais pour soigner la vie. Jusqu'au bout. Même lorsque les portes du trépas sont grandes ouvertes.

Les belles histoires s'écrivent à plusieurs

Si nous aimons tant nous raconter ces histoires de mythologie, ce n'est pas pour exhiber notre culture, ni pour montrer que nous « avons des lettres », comme ça se disait à une époque. C'est parce que c'est une manière simple – et sublime – de comprendre la nature humaine, qui, elle, pour le coup, n'a rien de simple.

Le médecin ausculte, décompose, pique, ouvre, regarde pour comprendre comment marche un corps humain et mieux le soigner. Eh bien, la mythologie ne procède guère différemment : une opération à cœur ouvert sur le grand corps collectif que nous formons avec toutes celles et ceux qui ont vécu avant nous. Un gigantesque cœur d'un énorme humain. Comme ça il se voit bien, même de très loin.

Parmi ces vérités humaines, il y a celle-ci : seul, on fait peu, ou moins. Même un dieu, immortel et tout-puissant, ne peut tout accomplir sans aide. En médecine, c'est particulièrement vrai : pour cette raison, il n'y a pas un dieu de la médecine, mais plusieurs.

Asclépios, le héros guérisseur, s'empresse de fonder une famille – une famille de médecins, comme c'est encore le cas de nos jours. Il épouse la nymphe Épioné, dont le nom signifie « qui apaise la douleur ». Rien que de la voir : hop, ça va mieux ! Et je vous confirme d'expérience que quand un patient se sent mieux, il guérit beaucoup plus vite.

Épioné et Asclépios ont la santé. Ensemble, ils ont neuf enfants ! Parmi lesquels des filles particulièrement impressionnantes.

L'aînée, Hygie, veille sur les autres et enseigne la prévention : c'est elle qui donne aux plus jeunes les conseils d'hygiène à respecter pour ne pas être malade. Si vous vous lavez les mains, c'est grâce à elle. Si vous tombez moins souvent malade, encore elle.

Panacée, un vrai petit génie, connaît l'ensemble des plantes, et grâce à ses potions, elle guérit tout et tout le monde. Sa sœur Méditrine, elle, dose et administre les remèdes. Elle était célébrée à Rome le 11 octobre lors de la fête des Méditrinales.

Acéso, secrète, et miraculeuse, incarne le processus de guérison, tandis que Iaso assure une convalescence réussie. La plus jeune, Églé, est le visage rayonnant de celui qui est enfin guéri.

Côté garçons, Podalire est mon ancêtre à moi, puisqu'il est généraliste. Son frère Machaon s'occupe des chirurgiens. Enfin, Télesphore, qu'Asclépios et Épioné ont adopté, vient de loin, comme son nom l'indique en grec. Pour moi, il est le dieu qui nous rappelle que toutes les médecines ne sont pas forcément cartésiennes et qu'il faut garder l'œil et l'esprit ouverts.

Les dieux de la médecine collaborent. Et nous ? Avons-nous entendu la leçon ?

La première fois que j'ai assisté à une réunion de concertation pluridisciplinaire, j'ai été ébloui.

Le temps d'une matinée, nous étions une dizaine à passer en revue l'état des patients du service. Il y avait le chef de clinique, le chef de service, les internes, les infirmiers, la psychologue du service, mais aussi le radiothérapeute et un chirurgien. Tous au service des patients. Tous à passer au crible de nos connaissances les tenants et les aboutissants de tel ou tel traitement qui correspondrait au mieux à tel patient ou à tel autre. Tous ces soignants cherchent à prendre la meilleure décision. Une thérapeutique sur mesure, pensée aux petits oignons.

Toutes ces intelligences, toute cette érudition, sont au service du malade. Dans cette salle, il y avait plus de cent années d'études réunies. Des milliers de nuits à compulser, chacun dans son coin, les précis de cancérologie. Des milliers d'heures d'analyse, de recherches. Toutes mises en commun pour un seul individu.

Que peut-on espérer de plus noble de la part d'une société ? D'une civilisation ?

Tous ces enfants de la médecine coalisant leurs connaissances pour leurs sœurs et leurs frères de cette terre. Voilà qui réconcilie avec la nature humaine ! Voilà qui empêche d'être cynique.

Ce simple souvenir m'aide, parfois, quand je peine à me lever pour enfourcher mon vélo, direction mon cabinet. Le soignant n'est jamais aussi seul qu'il se l'imagine. Et surtout, sa mission n'est jamais aussi vaine que ce que peuvent lui souffler, certains soirs, quelques voix intérieures vaguement désespérées.

Aider, seul, un être humain à se relever, c'est déjà quelque chose.

Mais l'aider à plusieurs…

On peut toujours rêver qu'en ce bas monde il existe de bonnes personnes qui se rassemblent pour accomplir le bien en ayant à cœur le bien-être de leurs semblables…

Hollywood dépense des centaines de millions de dollars pour bombarder nos écrans de films où des super-héros se réunissent pour vaincre un grand méchant du nom de Thanos, le « Titan fou » de l'univers Marvel…

Pas besoin de payer 10 euros la place de cinéma pour comprendre ça.

Ces réunions ont lieu tous les jours dans nos hôpitaux.

Et si Thanos n'est pas toujours vaincu à la fin et qu'il s'appelle dans la vraie vie Thanatos, « la mort » en grec, alors la gloire des hommes est d'essayer encore, de continuer à se battre sans jamais baisser les bras.

Mères mythiques

L'autre jour, je me suis réveillé en pleine nuit. J'entendais des pleurs, mais ce n'était pas mon bébé. Il dormait paisiblement. Le même phénomène s'est reproduit quelques jours après : je profitais de sa sieste pour déjeuner tranquillement, quand j'entendis de nouveau des pleurs. Je vais voir. Il roupillait, tranquille. Cela s'appelle des pleurs fantômes. C'est une sorte d'hallucination auditive à priori bien connue des jeunes parents, peut-être due à une forme d'hypervigilance qui nous vient naturellement, comme pousserait un troisième bras, en même temps qu'on accueille un bébé dans son foyer. C'est très déstabilisant. En vrai, tout est déstabilisant dans la parentalité.

Il y a quelques années, une patiente – appelons-la Miss Délicate – m'avait brisé le cœur. Elle consultait pour des phobies d'impulsion. Rien de bien extraordinaire : ce sont des pensées parasites où l'on se voit se faire du mal ou faire du mal aux autres. Elle venait de devenir maman et, ayant subi des violences sexuelles étant enfant, elle était envahie d'idées sombres où elle faisait du mal à sa petite fille. Ces phobies d'impulsion sont bien plus courantes qu'on ne le croit, elles sont une manière pour l'esprit d'évacuer un stress inconscient, souvent lié à notre inéluctable mortalité.

Par exemple, une jeune maman sur trois, particulièrement durant la période du post-partum, s'imaginera faire du mal à son enfant, à son corps défendant. Mais comme c'est horrible d'y penser, et qu'il faudrait surtout *ne pas* penser cela, eh bien… elle y pensera. Sérieusement, être humain, quel chemin de croix ! C'est une double peine pour les adultes ayant été maltraités ou abusés dans l'enfance : en plus d'avoir vécu l'enfer, ils peuvent parfois « se voir » reproduire sur leur enfant ce qu'un adulte a commis sur eux. Ils ne passeront jamais à l'acte mais leur esprit s'en moque : il évacue juste un trop-plein de stress parental mâtiné d'un peu, voire de beaucoup, de stress post-traumatique.

Précision essentielle pour les parents qui me lisent : vous n'êtes pas seuls du tout. Ces phobies concernent jusqu'à 45 % des gens, et il n'y a JAMAIS de passage à l'acte. Si l'on en parle si peu, c'est seulement parce qu'on en a honte.

À l'époque, je n'avais pas su consoler Miss Délicate comme je l'aurais voulu. Mais devenir père m'a permis de mieux comprendre ce genre de « débordements » psychiques et d'apporter un peu plus d'apaisement à mes patientes et patients.

Combien de personnes livrent ainsi de sacrés bras de fer avec leur conscience ? J'entends par là cette lutte silencieuse avec les pensées parasites, ces petites intruses qui font irruption dans votre psyché ? Vous marchez dans la rue et *bim*, vous vous dites : « Et si une tuile me tombait sur le coin de la tête ? Si je mourais là, maintenant ? » Ou plus absurde encore : « Si un aigle lâchait du ciel une tortue et qu'elle me tombait dessus, me tuant sur le coup ? » J'exagère à peine.

Parfois c'est sur un quai de métro. Quand le train arrive, une idée surgit : « Et si je tombais ? Si quelqu'un me poussait ? Si je sautais ? » Alors même que tu vas bien et que tu n'as aucune idée noire.

Et même en connaissant le mécanisme de ces pensées, en analysant froidement les émotions qui me traversent, je m'aperçois que moi-même ça m'est arrivé d'en avoir, de ces pensées parasites.

En me promenant dans la rue, j'imagine qu'une cigarette tombe d'un balcon sur la poussette et y met le feu. Ou bien je suis sur un quai de métro et j'imagine que la poignée de cette même poussette m'échappe et que mon gosse finit sur les rails, etc. Ça n'est en aucune façon un sujet en ce qui me concerne, j'arrive à critiquer ces pensées et à les considérer intellectuellement pour ce qu'elles sont : l'expression inconsciente d'angoisses liées à la mort. Récemment, il y a un truc qui a soulagé profondément cette patiente. En parlant avec elle, j'ai réalisé qu'avant de devenir père, c'était moi que ma psyché mettait en scène dans ces scénarios morbides. Pourquoi était-ce moi avant, et pourquoi était-ce maintenant au tour de mon enfant d'être le « personnage principal » ? La réponse m'a sauté aux yeux et nous a rassérénés, la patiente et moi.

Les pensées intrusives étaient l'expression de mon cerveau reptilien, quelque chose de l'ordre d'un instinct de survie, profondément primitif, animal. Je ne sais pas si cela traduit à proprement parler une forme « d'amour pour soi-même » mais à tout le moins une inclination à l'autopréservation, un *conatus* ou « effort pour persévérer dans son être » pour reprendre l'expression de Spinoza.

Et puis, quand je suis devenu parent, tout a changé. L'amour que j'avais en moi et pour moi a changé de camp. Il s'est déporté et a changé d'adresse. Il habite ailleurs. Il est dans « le corps d'à côté ». Ce petit corps d'un Autre.

C'est ce que traduisent ces pensées morbides et intrusives qui font de mon enfant le « personnage principal » de ces épisodes. Et c'est OK. Cela veut dire que je l'aime, tout simplement. Et peut-être plus encore, cela veut dire qu'il y a désormais quelqu'un dans ma vie que j'aime « plus que moi-même ». Ce n'est donc pas si morbide que ça, juste humain, profondément humain. Et la patiente est repartie en n'ayant plus peur. Parce que, finalement, derrière ces angoisses, c'était de l'amour qui se tenait là, rien que de l'amour.

Personne n'est prêt à devenir mère ou père. Cela ne s'apprend pas. Il n'y a aucun mode d'emploi, ni guide universel. On est toujours seul avec soi-même, avec son vécu et parfois avec des bagages trop lourds. On doit faire avec. Même en le sachant, on n'est pas assez préparé à tous les bouleversements qui suivent l'arrivée d'un enfant.

Et c'est là que nous, professionnels de santé, avons un rôle à jouer. Nous devons parler à nos patientes et à nos patients. Parler avant l'accouchement. Après l'accouchement. Régulièrement. Aux futures mères et aux futurs pères. Leur dire, par exemple, que ces pensées peuvent arriver, qu'elles sont fréquentes et normales et que cela ne fait pas d'eux de mauvais parents. Qu'ils sachent juste que ça existe. Leur rappeler qu'ils peuvent en parler aussi. Qu'on saura accueillir leur parole. Les écouter. Rechercher, aussi, si c'est trop envahissant, des signes de dépression du post-partum, chez les mères comme chez les pères. Car au-delà de la surveillance médicale des femmes enceintes – leur tension, leur glycémie –, on peut aussi s'occuper de tout ce qui n'est pas mesurable mais qui fait pourtant de nous des humains trop humains. Ils n'ont pas besoin d'être des naufragés perdus seuls et terrifiés sur une île déserte qui s'appellerait la parentalité.

Les femmes dans l'Antiquité grecque n'avaient pas accès à tout notre attirail moderne. Mourir à cause de la grossesse, de l'accouchement ou de ses suites était monnaie courante – mais comme tout ce qui concerne les femmes, on a vite fait de l'oublier, de le minimiser, de le mettre sous le tapis. Avoir un enfant était une véritable mise en danger de mort, avec un taux de survie qui n'avait rien à envier à celui d'un soldat sur un champ de bataille. Mais les Grecs avaient la mythologie. Ils avaient les mots pour le dire.

Dans la mythologie, les femmes sont fascinantes, les mères flamboyantes, foisonnantes, formidables au sens étymologique du terme[1] : elles sont tellement impressionnantes qu'elles font peur. Certaines, en effet, donnent froid dans le dos. Qui voudrait être Médée qui tue son frère, trahit son père et assassine ses enfants ? Ajoutez à cela que l'homme pour qui elle a tout quitté finit par l'abandonner par ambition, vous aurez le tableau complet, le triptyque, « mère », « malheureuse », « méchante ». Je dis « les mères », mais en fait ce dont je parle c'est de la fonction maternelle, celle-ci pouvant être assumée sans différenciation de sexe, de genre, ni même de lien de parenté.

Ces figures mythiques disent à peu près tout de la maternité, son ombre insondable comme sa lumière éblouissante. Il y a Callisto, la jeune fille

1. Formidable vient du mot latin *formido* qui signifie « redoutable », « qui inspire l'effroi ».

qui est exclue parce qu'elle est enceinte après avoir été violée par Zeus. Il y a Léto, mère des dieux Artémis et Apollon, qui, rejetée de toutes les contrées, accouche seule sur l'île la plus aride et la plus insalubre qui soit. Il y a la déesse Déméter, qui change le monde, invente les saisons et se révolte contre tout l'Olympe pour retrouver sa fille Perséphone. Il y a Niobé, trop fière, qui se vante d'avoir les meilleurs enfants du monde et dont la nombreuse progéniture est méticuleusement assassinée par Artémis et Apollon. Littéralement pétrifiée de chagrin, Niobé transformée en pierre continue de pleurer ses enfants. Il y a Hécube, reine de Troie, qui se change en chienne et préfère se jeter dans la mer plutôt que de vivre dans un monde où tous ses enfants sont morts, non sans s'être vengée de leur meurtrier avant. Il y a Clytemnestre, surtout, qui assassine son époux Agamemnon parce qu'il a sacrifié leur fille Iphigénie, et puis qui se laisse assassiner à son tour par ses propres enfants, justement parce qu'ils sont ses enfants et qu'elle ne peut pas se défendre – quand bien même elle le souhaiterait – car cela signifierait peut-être leur faire du mal. Médée, elle, passe à l'acte, et tue les enfants qu'elle a eus de Jason. Fait notoire, elle n'est pas punie par les dieux. Elle l'aurait été par la justice des hommes, si elle n'était pas parvenue à s'enfuir.

Toutes ces femmes sont exemplaires, non qu'elles soient nécessairement des modèles à suivre, mais au sens où elles nous montrent des possibles. Elles jalonnent notre chemin : certaines nous incitent à continuer, d'autres nous effraient – et c'est tant mieux, car elles nous signalent les pentes à éviter. Elles sont notre panneau « Attention danger » ou « Courage, je suis passée par là il y a trois mille ans ». Elles brisent la solitude, mettent des mots sur nos peurs, et les transforment en histoires. Ces récits deviennent alors des exutoires : ils permettent de sublimer l'angoisse et d'empêcher qu'elle ne se mue en un passage à l'acte.

Accueillir un enfant, c'est aussi accueillir la mère ou le père que l'on va être. Et la femme qui porte l'enfant a, dans ce domaine, neuf mois d'avance sur sa ou son partenaire. Il y a plusieurs naissances en une. Ce père ou cette mère nouveau-né·e, ce nouveau soi-même qui éclot, peut parfois nous déplaire, à d'autres moments nous émerveiller, toujours nous déstabiliser. Il peut même nous échapper totalement, et c'est le coup de folie, ou le coup de génie (« ces choses qu'on fait pour nos mômes »), ou l'implosion du couple. Mais une fois qu'il est là, ce parent nouveau-né, il devient une nouvelle part de nous-mêmes qu'il faut aussi apprendre à aimer. Les figures de la mythologie nous aident à faire grandir ces sentiments. Elles nous offrent un miroir, un cadre, un garde-fou. Elles nous aident à apprivoiser nos démons quand il le faut. S'il est un domaine où les humanités ont leur place, c'est bien celui de la parentalité. Avoir un enfant n'est pas une maladie, alors pourquoi tant médicaliser les choses, au point de se contenter de chiffres et de prises de sang ? Entendons-nous bien : je suis absolument favorable à tous les suivis médicaux, mais pourquoi ce bâillon – parfois rose bonbon – sur la parole, sur les peurs, sur tout ce qui devrait être dit, partagé, transmis ?

Pourquoi les femmes qui viennent me voir au cabinet n'osent-elles pas parler ?

Ici aussi, il est de notre devoir, non pas seulement de libérer la parole parentale, mais surtout, enfin, d'apprendre à l'écouter. Sans jugement. Sans préjugé.

Des maux et des mots

Pour éviter qu'ils ne s'inquiètent, le médecin conseille souvent à ses patients : « Surtout ne regardez pas sur Internet. » Et il pourrait ajouter en guise d'alternative : « Regardez plutôt dans un dictionnaire de grec ! »

Plus personne n'étudie la langue des dieux gréco-romains, et pourtant, c'est bien d'elle que parle notre corps, depuis les méninges jusqu'aux mycoses ongulaires. Nous ne sommes pas des immortels du Panthéon, mais quantité de héros et de divinités mythologiques sommeillent, littéralement, en nous, dans notre corps, dans notre intimité.

Ainsi, deux douces nymphes en corolle protègent la partie extérieure du clitoris, qui lorsqu'il est satisfait laisse s'échapper la cyprine – de Cypris, l'un des noms de Vénus ; le mont de Vénus, quant à lui, désigne le pubis. Le plus célèbre des héros grecs, Achille, veille sur les tendons à l'arrière de nos pieds. Iris, la messagère des dieux, donne à chaque regard une expression singulière. La valeureuse Psyché, qui brave les Enfers pour reconquérir Éros, illumine d'une étincelle de courage l'âme ou l'esprit de chacun. Atlas, le puissant Titan qui porte sur ses épaules le globe terrestre, prête son nom et sa force à la première vertèbre du cou, souvent douloureuse sous le poids de la tête et de tous les soucis qu'elle contient.

Sans le savoir le plus souvent, nous transportons avec nous un fidèle manuel de civilisation grecque et latine.

Pourquoi cette omniprésence des langues anciennes ? La raison en est simple : durant le Moyen Âge, puis la Renaissance où les livres étaient rares et coûteux, il fallait pour qu'ils puissent servir à tous les savants d'Occident une langue commune à tous les médecins, de la Pologne à l'Espagne et de Marrakech à Saint-Pétersbourg. À l'époque, cette langue n'était ni le mandarin ni l'anglais, mais le latin, dans lequel avaient été traduits à la fois tous les textes grecs d'Hippocrate, ceux de son école, mais aussi les traités d'Avicenne et des grands médecins arabes.

C'est pour cela qu'aujourd'hui tous les médecins, de Rio à Rioms, dégainent leur stéthoscope – du grec *stéthos*, « la poitrine », et *skopein*, « observer » – pour vérifier que votre petit cœur passionné – ou ventricule (du latin *ventriculus*, « la pochette ») – ne souffre pas de tachycardie (du grec *takhys*, « rapide », et *kardia*, « le cœur ») ou d'une autre sorte d'arythmie (*a* privatif et le grec *rythmos*, « le rythme »). Pour poser un diagnostic, ils auscultent (du latin *auscultare*, « écouter ») votre organisme, du grec *organon* qui signifie « l'instrument, de musique, de travail » – et dans notre cas l'instrument de vie qu'est notre corps.

L'étymologie de diagnostic est particulièrement révélatrice : *diagnoskein* signifie « lire », mais lire de bout en bout, et non simplement déchiffrer des lettres. Le médecin lit tout le roman de votre corps, y décrypte son histoire et les souffrances qui l'ont mené jusqu'aux symptômes (« l'accident » en grec).

Il lit ses brûlures : tous ces mots en « -ite » comme « otite » (*otos*, « l'oreille »), « dermite » (*derma*, « la peau »), « cystite » (*kystis*, « la vessie ») ou « arthrite » (*arthron*, « l'articulation »).

Il écoute ses douleurs : ce sont les termes en « -algie », « névralgie » par exemple, mal contre lequel il prescrira un antalgique, c'est-à-dire un antidouleur.

Il isole ses difficultés : ce sont les mots en « dys- », comme « dyspepsie » (digestion difficile).

Il accueille ses lenteurs, par exemple la « bradypepsie » (digestion lente), de *bradys*, « lent » en grec.

Il cherche son usure : ce sont les mots en « -ose », « névrose », « arthrose » ou « cyanose », lorsque la peau devient bleu sombre (*kyanos* en grec) parce qu'elle manque d'oxygène[1] (*oxys*, « acide »).

Il répare ses ruptures : ce sont les vocables en « -rragie », comme « hémorragie » (de *haima*, « le sang »), « ménorragies » (règles très abondantes).

Enfin, il recueille ses larmes. Ce sont tous les mots en « -rrhée » (de *rhéo*, « couler ») : les « rhinorrhées » (écoulement du nez), les « métrorrhées » (écoulement non sanguin de l'utérus, *métra*, « la matrice ») et les « dysménorrhées » (règles douloureuses).

Il contient ses excès (« hyper- »), les « hypertensions », l'« hyperesthésie », trop grande sensibilité ; et tente de combler ses manques (« hypo- »), de

1. Le chimiste Lavoisier qui lui donna ce nom au XVIIIe siècle avait remarqué que l'oxygène était présent dans quantité d'acides.

l'« hypoglycémie » (manque de sucre), à l'« hypothermie » (froideur).

Ces mots n'ont pas que la saveur de l'érudition, ils sont aussi puissants, magiques presque. Quand le médecin les prononce, cela va tout de suite mieux. Pas besoin d'avoir étudié bien longtemps le grec ou la médecine pour en faire l'expérience : dès que le diagnostic est posé, le symptôme s'estompe. Comment ? Difficile de répondre, peut-être qu'un jour nous connaîtrons les mécanismes impalpables mais effectifs qui lient mots et guérison.

Le pourquoi, lui, est plus simple : lorsque le patient sait ce qu'il a, non seulement il sait où il va, mais avec qui il y va. Il rejoint l'immense cohorte de toutes celles et ceux qui, non seulement ont souffert de la même maladie ou affection avant lui, mais qui en ont guéri. Encore une fois, le soin passe d'abord par les humanités et la fraternité.

Il y a un effet placebo des mots scientifiques. Sans doute participent-ils aussi parfois d'un effet nocebo (un mot latin : « je nuirai »). Le « parler médecin », qui a une histoire passionnante, celle de la science et de ses développements, devrait toujours être un moyen démocratique de communication entre soignant et soigné. Un outil universel, un langage commun permettant la mise à égalité des deux intervenants du colloque singulier[1] qui se joue dans l'intimité du cabinet médical. Pourtant, c'est parfois tout le contraire qui se produit. Obscur, inquiétant, excluant, le langage médical peut mettre de côté le patient. Le manque de soignants, la diminution du temps de consultation disponible, la médecine exercée à la chaîne, tout cela laisse peu de place au temps, long, parfois nécessaire à une bonne compréhension par le patient de son état.

À ce titre, on ne peut que regretter la déshérence à laquelle a été condamné l'apprentissage des langues anciennes au collège. Latin et grec n'étaient pas des outils de sélection sociale. Ils étaient bien au contraire des outils de justice sociale. Un moyen de dispenser à tous ce qui n'était l'apanage que de quelques-uns.

Or, de la même manière qu'un peuple qui oublie d'où il vient est condamné à l'errance, un patient qui ignore l'étymologie des mots qu'on utilise pour parler de son corps et de ses activités délictueuses est contraint de remettre à l'institution médicale les

1. Terme médical désignant l'alliance thérapeutique, cette collaboration mutuelle qui se noue entre le patient et le soignant, et qui est essentielle pour l'atteinte des objectifs de santé fixés conjointement.

clés de sa propre compréhension. Par conséquent, il abandonne aussi un peu de sa faculté d'agir.

Et le corps médical ne se prive parfois pas – consciemment ou non, d'ailleurs – d'utiliser son jargon, son « ergolecte » (le jargon professionnel, en jargon linguistique), pour tracer une frontière entre lui et ceux qu'il est censé soigner, au lieu de délivrer une information claire et circonstanciée. La connaissance des langues anciennes, de l'étymologie contribuerait à rééquilibrer la relation entre le médecin et le patient.

Mettre en avant les humanités en médecine, c'est aussi penser la manière dont on parle au patient de lui-même, de son corps, de ce qui s'y passe et de ce qui y brise « le silence des organes[1] ». C'est ne jamais se satisfaire d'utiliser un jargon de mots compliqués qui, de facto, permet de parler de lui devant lui mais « sans lui », le rendant ainsi sourd aux propos tenus sur sa propre santé. Penser les humanités en médecine, c'est insister pour que le patient comprenne ce qui lui est dit, lui rendre l'ouïe en somme, pour lui rendre sa liberté.

1. « La santé, c'est la vie dans le silence des organes », citation du chirurgien René Leriche, datée de 1936.

La honte Actéon !

Un jour, une patiente me raconte qu'elle n'a pas consulté de médecin entre ses dix-huit et ses trente-quatre ans. La raison ? À l'âge de dix ans, un médecin, après l'avoir mise en petite culotte sur une balance, lui a pincé la couenne en lui expliquant qu'elle était trop grosse. Ce n'était peut-être rien qu'une banale remarque pour lui, balancée sans y penser, sans malveillance apparente, bien que totalement inappropriée. Mais elle, elle l'a portée. Longtemps. Trop longtemps…

Personnellement, je ne jugerai pas un patient en raison du corps qu'il a ou qu'il me présente. Pour la simple et bonne raison qu'en réalité, on ne devrait jamais juger les patients tout court. Un corps, c'est un organisme vivant. Avec ses cycles, ses ratés, ses surchauffes, ses bouleversements. Un patient ne devrait jamais en avoir honte devant un soignant.

Le rôle du médecin n'est pas et ne sera jamais de juger. C'est d'écouter, de soigner, d'accompagner, de soutenir.

Parce que, oui, l'état d'un corps peut raconter une histoire. Et parfois, la négligence de ce corps en dit long sur l'état intérieur de celui ou celle qui l'habite. Est-ce que l'hygiène ou les odeurs corporelles sont utiles à un examen clinique ? Évidemment ! L'odeur du corps peut servir de symptôme, dans certaines maladies par exemple. Je pense à des infections intimes, ou à d'autres maladies comme le diabète avec la fameuse odeur de pommes mûres qui doit nous mettre la puce à l'oreille. Quant à la propreté, ou à son absence, elle peut être un marqueur social, mais aussi et surtout un marqueur de santé mentale. Un patient qui ne se lave plus, qui se laisse aller, ce n'est jamais anodin. Ça doit aider le praticien à aller plus loin que le seul motif de consultation : comment va le patient ? Est-ce qu'il a des idées noires ? Des difficultés à éprouver un élan vital, cette énergie à prendre soin de lui ? Et si oui, pourquoi ?

Quand on est médecin, on examine les gens. Parfois il y a de la gêne dans l'air, de la honte même, surtout autour de certaines parties du corps. Cela crée un malaise pour le patient, mais aussi pour le médecin, qui risque d'avoir du mal à diagnostiquer et par conséquent à soigner. Je me suis souvent demandé d'où venait cette gêne. Il n'y a pas de cours sur ce sujet à la faculté de médecine. Rien dans les manuels. C'est quelque chose d'impalpable, d'intuitif, souvent d'inconscient. Et puis, j'ai trouvé une réponse, la mienne, dans la mythologie. C'est une histoire de consentement, de consentement à être vu – mais vu en situation de vulnérabilité, malade et parfois même nu.

Les déesses de la mythologie nous l'ont appris. Artémis, surprise en train de se baigner par Actéon, transforme le chasseur en cerf et le fait dévorer par ses chiens. Tirésias manque de subir le même sort pour avoir surpris Athéna durant sa toilette, mais comme il est le fils d'une de ses amies chéries, il obtient un traitement de faveur. Ces déesses n'ont aucun doute sur leur beauté, n'ont rien à craindre, et sont tout à fait à même de pulvériser d'une chiquenaude quiconque leur fait une remarque sur leur taille ou leur masse corporelle. Mais nul autre qu'elles ne décide de qui peut ou non poser les yeux sur elles.

On a toutes et tous un rapport bien particulier avec notre corps, avec l'hygiène et la propreté. Et soyons honnêtes : arriver propre à la consultation, c'est plus agréable autant pour le soignant que pour le patient. Parfois, des patients sont complexés à l'idée de montrer ce corps dont ils ont honte, surtout quand il est malade. Alors je profite d'être en tête à tête avec vous pour vous rappeler un truc évident, mais qu'on oublie souvent : votre soignant aussi a un corps. Pourquoi je dis ça ?

Parce que quand ce monsieur vient en bleu de travail, tout juste sorti de son boulot car il a mal au pied droit, et qu'il murmure avant d'enlever ses chaussures et ses chaussettes : « Désolé, ça sent pas la rose », j'ai envie de lui dire, et je lui dis : « Vous savez, j'ai aussi des pieds et je suis sûr que si j'avais bossé toute la journée à l'usine avec des grosses chaussures de sécurité bien hermétiques dans lesquelles on transpire, ça sentirait pas la rose non plus. »

Et quand cette patiente doit enlever son pull et qu'elle s'excuse d'un « Je n'ai pas mis de déodorant », j'en ris avec elle en lui montrant le petit vélo dans la cour du cabinet : « Ce vélo, c'est le mien, je fais mes visites à domicile avec, et que ce soit en été quand il fait chaud ou en hiver quand on est très emmitouflé, moi aussi, je transpire. »

Non seulement votre soignant aussi a un corps, mais le rapport de votre soignant à son corps peut être tout aussi compliqué que le vôtre ! Avoir un rapport neutre avec son corps, ça n'existe pas. Nous avons tous et toutes une histoire plus ou moins complexe avec lui. Même les divinités au corps parfait et sublime. C'est ce que les Grecs ont l'intelligence de raconter à travers leurs mythes. Ces déesses, des entités aussi belles que puissantes qui n'ont aucune raison d'avoir honte, nous montrent qu'en fait ce n'est pas une question d'apparence. C'est quelque chose de plus profond : l'entretien et le respect du lien si particulier qui nous unit à notre corps.

Ce rapport au corps est intime, unique. Chacun a le sien. Les soignants aussi. Je trouve même incroyable qu'avec tous les progrès et recherches faits en médecine, on ne se soit pas davantage penché sur cette relation entre nos cellules, nos organes et notre pensée. Trop souvent on hausse les épaules – et les médecins les premiers, nous y sommes si peu formés –, on soupire, on minimise, lorsqu'une manifestation corporelle ou une souffrance est dite « psychosomatique ». C'est pourtant un mot si beau, qui lie l'esprit ou l'âme (*psyché*, en grec) au corps (*sôma*). Un mot qui, en réalité, nous résume tous. Car que sommes-nous, sinon un esprit et un corps assemblés l'un à l'autre le temps de quelques années ?

Nous devrions parler de la honte et de la pudeur au cours de nos études. Réfléchir à ce qu'elles signifient, aux conséquences de nos gestes de soignants, aux répercussions de nos mots. A-t-on seulement conscience du mal que nous pouvons commettre ? De la honte que nous pouvons inoculer à ceux qui nous accordent leur confiance ? Sommes-nous à la hauteur des enjeux qui sont les nôtres quand on demande à un patient de se dévêtir ?

Si un médecin vous juge sur une futilité pareille : fuyez. Le non-jugement devrait être une qualité non négociable chez un soignant. Parce qu'il peut y avoir mille et une raisons pour lesquelles une personne peut avoir honte de son corps. Mais quand elle se met nue devant nous, dans son plus vulnérable appareil, à cet instant précis nous devons plus que jamais avoir conscience de l'impact que nous avons sur les êtres.

La honte Actéon !

Y a-t-il une seule autre profession où l'on est amené à dénuder les gens puis à les toucher ? Esthéticienne peut-être, avec cette différence que les gens qui s'y rendent y vont pour se faire du bien, rarement pour guérir.

La position du soignant – position de savoir, d'autorité, de « représentant » de quelque chose de fondamental dans nos sociétés (la considération pour l'altérité) – est exigeante. Cette position particulière et la prétention éthique même qui est la sienne l'obligent à ne pas blesser l'autre, car elle le blesserait au carré : d'abord par les mots ou les gestes, et ensuite par une déchirure psychologique fondamentale – celle d'une confiance brisée envers une institution qui devrait, par essence, être à la hauteur des enjeux philosophiques et éthiques qu'elle prétend endosser.

Et puisqu'on parle de corps, il y a une chose que je ne pensais jamais avoir à écrire, mais allons-y : moi, Baptiste, médecin de famille, j'ai des pieds, j'ai un anus, un pénis, des aisselles, et j'ai même un sillon interfessier. Mon vélo peut en témoigner !

Maman Sisyphe
et le couteau des Danaïdes

Vous souvenez-vous des expressions « le tonneau des Danaïdes » et « le rocher de Sisyphe » pour décrire une tâche infinie, répétitive à l'extrême et insatisfaisante ? Des Danaïdes et des Sisyphe, un médecin en observe chaque jour. Et, non, ce ne sont pas des noms de maladies, c'est bien pire : ce sont des malédictions.

Sisyphe roule un rocher jusqu'au sommet d'une montagne, mais dès qu'il l'atteint, le rocher dévale aussitôt au bas de l'autre versant. Quand on regarde les tas de rochers (comme les tas de linge sale) qu'une femme porte constamment dans son couple, on se dit que Sisyphe avec son unique rocher est un petit joueur à côté. Si Sisyphe existait, il serait une mère de famille épuisée, jonglant entre la santé des siens et les multiples tableurs Excel qu'elle garde dans la tête, le tout au détriment de sa santé à elle. Car ce qui s'appelle la charge mentale des femmes a des répercussions médicales : épuisement, accidents domestiques liés à la pluriactivité, prise ou perte de poids, perte de libido, perte de joie de vivre tout simplement, anxiété, décompensation de maladies psychiatriques sous-jacentes, syndrome dépressif, addiction et polytoxicomanie (alcool, substances, dépendance aux médicaments).

Le poids cognitif de la gestion du quotidien repose – souvent – sur les épaules des femmes : les courses, la nourriture, le ménage, le linge, les fournitures des petits... Plus la tâche est ingrate, plus souvent elle est effectuée par une femme dans le foyer. La charge mentale des femmes, notamment en ce qui concerne la santé des membres de la cellule familiale, est une réalité incontestable que tout soignant honnête avec lui-même ne peut que reconnaître – et, s'il a un sens de la justice, réprouver en son for intérieur. En France, dans le domaine professionnel mais aussi familial, la majorité des aidants sont des aidantes, au point qu'on se retrouve face à des situations particulièrement ubuesques. Je ne compte plus le nombre de fois où l'époux – qui malgré le nom est rarement celui s'occupe des poux qui envahissent la tête de ses enfants – venu en consultation pour un enfant sort son téléphone et appelle sa femme pour connaître les dates de vaccination de son chérubin ou savoir depuis quand il tousse.

Car les femmes savent toujours. Elles *doivent* savoir. Et tout savoir : du carnet de santé au carnet de notes en passant par le calendrier des anniversaires et celui des sorties scolaires. Planifier tout, tout le temps. Prendre soin de tous. Quelle « bonne » mère, « digne de ce nom », ne saurait pas faire ça ?

Et pour quoi ? Pour rien ! Combien d'enfants et de conjoints semblent ignorer que les chaussettes sales ne se ramassent pas seules ou que la pharmacie familiale ne se renouvelle pas ex nihilo. « Tiens, c'est incroyable ! Cette boîte de Doliprane ne se vide jamais ! » Non, messieurs, si elle n'est jamais vide, c'est parce que les infirmières à domicile qui vous servent d'épouses veillent à la remplacer régulièrement pour que les enfants ne manquent pas d'antalgiques en cas de pépin.

Et si, mesdames, vous avez le malheur, de dire : « Stop, j'en ai assez, il me faut une pause », vous risquez très certainement de récolter un : « Mais tu n'avais qu'à le dire, que t'avais besoin d'aide ! » Ben oui, encore de votre faute, mesdames ! Quelle lassitude !

« Vous n'aviez qu'à le dire ! »

Dire quoi ?

Qu'une porcherie se nettoie plus vite à deux ?

Que les aliments, ou les médicaments, n'apparaissent pas « comme par magie » dans les placards de la cuisine ou dans la pharmacie familiale ?

Que les sols autonettoyants n'ont pas encore été inventés ?

Que « faire les courses » n'a rien à voir avec « faire du shopping » ?

Que les sacs de courses ne montent pas tout seuls depuis le hall de l'immeuble jusqu'au palier de la porte, encore moins s'il faut aussi monter enfants et poussette ?

Que les enfants, vous les avez faits à deux et qu'il serait sympa de les protéger à deux ?

Que vous êtes fatiguées d'avoir à vous coltiner 64 % des charges ménagères ?

Que vous êtes épuisées de gérer 71 % des tâches parentales ?

Et le pire dans tout ça ? Ne vous attendez pas à un merci pour ce travail que personne ne veut voir, et que tous considèrent comme naturel.

La vérité, et les féministes ne cessent de le répéter, c'est que le travail des femmes est invisible. Le plus vicieux est peut-être ceci : ce qui justement le rend invisible, c'est qu'il est colossal et quotidien, mais tellement indispensable qu'on s'y habitue. On préfère ne pas savoir ou ne pas penser ce que serait la vie sans lui – comme la santé en somme, quand tout va bien.

Sisyphe, lui, a au moins eu le droit d'être transformé en mythe. Mais pour vous, les mères, ce sera *niet*. Personne ne verra le rocher que vous poussez au sommet de la montagne, et personne ne vous remerciera pour cela.

Les Danaïdes, ce sont les cinquante filles du roi Danaos (quel coq !), condamnées aux Enfers à remplir inlassablement des jarres percées. En réalité, elles sont bien plus que cinquante : les Danaïdes, ce sont toutes les filles, les mères, les cousines, les copines qu'un médecin croise plusieurs fois par jour à son cabinet.

Un jour comme tant d'autres, je reçois un message. Une mère de famille avait rendez-vous avec un chirurgien pour son fils de douze ans, afin d'évaluer la nécessité d'une opération de son phimosis[1]. Le chirurgien est très sympa, m'écrit-elle,

1. Le phimosis, c'est, pour faire simple, un prépuce un peu trop serré qui empêche de découvrir le gland du pénis. Cela devient vite problématique à la puberté et peut favoriser les infections.

mais il lui pose beaucoup de questions : son fils se nettoie-t-il bien sous la douche ? Comment ça se passe, le décalottage ? Comment s'y prend-il ? La mère répond qu'elle n'en sait rien. Elle ne sait pas ce qu'est un « nettoyage correct » de la verge sous la douche, et, encore moins comment on s'y prend pour décalotter... Elle finit même par avouer, du bout des lèvres, mais sans ironie, qu'elle n'est pas particulièrement experte en anatomie masculine.

Et vous savez quoi ? Elle a raison de ne pas l'être. Pensez-vous qu'on demande à un papa de connaître parfaitement comment ça fonctionne, gynécologiquement parlant, pour sa fille ? Vous imaginez un médecin se tourner vers un père et lui demander : « Est-ce qu'elle a ses règles ? Ses cycles sont-ils réguliers ? Combien de sang perd-elle ? » Ça paraît normal qu'il ne sache pas ce genre de choses. Alors pourquoi les mères devraient-elles le savoir, elles, pour leurs fils ? Et pourtant, souvent elles savent.

Et si l'on pousse cette idée plus loin, pourquoi les hommes, de manière générale, ne seraient-ils pas un minimum au fait du fonctionnement de la santé reproductive des femmes qui les entourent ? Il devrait être tout à fait normal que les hommes sachent comment fonctionne leur corps, qu'ils soient capables de répondre aux questions de leurs enfants, d'acheter pour leurs filles des protections menstruelles sans gêne, et de les rassurer si besoin. Ce n'est pas une affaire de genre, c'est une affaire de soin, de présence et de responsabilité. Cela ne signifie pas tout savoir, mais au moins comprendre les grandes lignes : ce que vivent les autres, ce qu'ils peuvent faire pour les soutenir, pour éviter les maladresses, pour contribuer à un climat de respect et de bienveillance.

Parce que, en matière de santé, la différence de charge mentale entre hommes et femmes est criante. Insultante, même. Et j'insiste sur un point : cette différence n'a rien de naturel. Ses causes sont sociales, politiques ou culturelles – au choix ou les trois à la fois. Ce qui, malheureusement, ne signifie pas qu'elle soit plus facile à guérir.

Cette charge mentale sanitaire commence très tôt, dès la naissance des enfants. Dès la maternité, on invite les mères à rattacher l'enfant à leur carte vitale, pour assurer le suivi médical. Le coparent peut ensuite très rapidement faire une demande de rattachement de l'enfant, mais l'expérience au sein de mon cabinet montre que ce n'est malheureusement quasiment jamais le cas. Quand je reçois des pères avec leurs enfants, les trois quarts dégainent la carte vitale de la mère des enfants. Le dernier quart, lui, se compose de ceux qui pestent après leur compagne d'avoir oublié de leur donner ladite carte – et d'une place (vacante) pour une exception.

Cette charge mentale se poursuit à l'âge adulte, quand la femme doit penser à prendre sa pilule tous les jours, tout en payant seule pour la contraception du couple. Et si elle oublie ? Ce sera sa faute, et elle devra affronter, souvent seule, les conséquences physiques et psychologiques parfois difficiles d'une IVG.

Des moyens de contraception masculine existent. Mais les hommes ne sont pas informés. Ou plutôt ils ne prennent pas la peine de l'être. Ils s'en désintéressent. Et quelle femme, franchement, aurait suffisamment confiance en son compagnon pour lui déléguer cette responsabilité en toute quiétude ? Quand on sait pertinemment que, si quelque chose tourne mal, ce ne sera pas à lui de gérer les suites d'une grossesse non désirée ?

Peut-être que j'extrapole, mais je ne peux pas m'empêcher de voir une continuité entre, d'un côté, les mères qui savent bien mieux que les pères si le petit dernier est à jour de ses vaccinations et, de l'autre, les épouses qui devront connaître plus tard les traitements contre l'hypertension ou le diabète de leur mari vieillissant.

Quel médecin n'a pas déjà vécu la situation suivante ? Un vieux couple au cabinet médical : monsieur est diabétique depuis trente ans, mais c'est madame qui connaît ses traitements, ceux qu'ils ont encore à la maison et ceux qu'il faut renouveler. C'est madame, aussi, qui connaît les chiffres de la glycémie de monsieur. Et d'ailleurs, monsieur se laisse porter durant l'entretien. Quand on lui pose des questions sur *sa* santé, c'est vers madame qu'il se tourne et c'est madame qui répond.

Parfois, en prime, monsieur se paye le luxe de se moquer gentiment de madame… Alors qu'elle est en train de lui sauver la vie.

À neuf ans, ils dénoncent : « C'est ma maman qui n'a pas pensé à prendre le carnet de santé ! »

À trente ans, ils s'offusquent : « Ma femme ne se souvient plus si les petits sont vaccinés… »

À soixante-seize ans, ils s'interrogent : « C'est quoi déjà, chérie, le nom de mon traitement contre la tension artérielle ? »

Et la mère de ces messieurs ? Et les femmes de ces messieurs ? N'en ont-elles pas marre de se coltiner seules la santé de monsieur et des enfants ? Sûrement, mais elles ont un tonneau à remplir – toujours ce même tonneau, épuisant, éreintant. Pas de temps à perdre, pas le temps de se plaindre.

Il faut que les choses changent, qu'on comprenne comment cette injustice est rendue possible. Comment faire pour que les hommes prennent leur part de charge mentale sanitaire au sein de la cellule familiale ? Je ne sais pas. Mais je sais qu'une charge, ça se partage. Sinon, celle qui la porte finit par craquer. C'est humain. Elles ne sont pas des bêtes de somme.

Et par pitié, qu'on arrête de dire aux femmes d'éduquer leurs fils en ce sens. Penser ça, c'est déjà trop tard. Les hommes peuvent s'éduquer eux-mêmes, et leurs enfants avec. C'est culpabiliser une nouvelle fois les mères et mettre du sexisme là où il ne devrait plus y en avoir, alors qu'il s'agit de partager mathématiquement, équitablement, une charge entre plusieurs individus.

Peut-être faut-il revenir au mythe pour espérer un changement ? À ce je-ne-sais-quoi d'archaïque profondément enfoui dans nos esprits, si ancien qu'il fait partie de nous sans nous appartenir. À l'origine de la malédiction que nous perpétuons parce qu'elle nous arrange, s'intégrant si bien à notre mode de vie patriarcal. À l'histoire. Aux Danaïdes.

Que font-elles, ces Danaïdes, aux Enfers ? Pourquoi ont-elles été condamnées ?

Attention, ici, on n'est pas du tout dans l'imaginaire judéo-chrétien. Dans l'Antiquité, tout le monde va aux Enfers – les bons et les méchants. Mais certains ont droit à un privilège : ne pas tomber dans l'oubli afin de servir de modèle, ou de repoussoir, aux autres.

Les Danaïdes sont des révoltées.

Elles ont eu une vie avant les Enfers, et c'est bien cette vie-là qui intéressait les auteurs antiques. Elles ne sont pas seulement des damnées, mais aussi des princesses fières et farouches. Leur père les destine à un mariage, arrangé, avec les fils de son frère Ægyptos – ça tombe bien, il en a aussi cinquante, qu'on appelle donc les Égyptiens.

Pauvres princesses, et pauvres princes : dans cette histoire, pas d'amour. Seulement la volonté des pères et la trahison. Car, dans l'ombre, les fils ont reçu l'ordre de tuer leurs jeunes épouses dès la nuit de noces pour faciliter la prise du pouvoir d'Ægyptos sur le royaume de son frère.

Des femmes offertes en sacrifice sur l'autel de la violence et de la soif de pouvoir des hommes ? Rien de nouveau sous le soleil…

Sauf que les Danaïdes ne se sont pas laissé faire. Elles ont chacune pris un couteau – des longues lames cachées dans leurs cinquante chignons de princesses. Et elles ont tué les cinquante violeurs et usurpateurs qui, s'ils ne les avaient pas exécutées, les auraient réduites à une vie maritale d'épuisement et de soumission pour le restant de leurs jours.

La langue française a choisi de retenir le tonneau des Danaïdes[1] – notre goût pour le bon vin nous perdra… Les Anciens, eux, s'intéressaient moins aux jarres percées qu'aux couteaux des princesses : les femmes pouvaient, savaient, et devaient se défendre. Elles pouvaient prendre les armes, quitte à en subir les conséquences. Et il fallait ne jamais l'oublier.

---

1. Il est intéressant de noter également que le passage à la langue française a abêti et fragilisé les Danaïdes en les mettant à cinquante pour remplir un seul et unique tonneau.

Ces conséquences, d'ailleurs, n'étaient pas toujours une malédiction. Dans la version antique la plus célèbre, les Danaïdes trouvent refuge en Grèce. Le roi d'Argos les accueille à bras ouverts et elles se marient librement. C'est bien plus tard que nous avons fait de ces rebelles des damnées, lorsque les Pères de l'Église ont tout fait pour dégoûter les croyants du paganisme et remplacer le polythéisme par le monothéisme.

Mais dans un cas comme dans l'autre, ce mythe nous enseigne une chose : l'injustice et la violence conduisent au crime et à la vengeance.

C'est un miracle que la charge mentale ne provoque pas plus de violence.

Le médecin soigne des individus mais il observe aussi comment la société les rend malades. Dans la salle d'attente d'un généraliste, la charge mentale des femmes blesse plus que bon nombre des maux et des microbes.

N'attendons pas que le drame se produise. Sortons les Danaïdes des Enfers.

Les mamelles de Tirésias

Quand on est soignant, il faut parfois soutenir le regard de quelqu'un qui vous dit : « Parce que je suis ce que je suis, des gens me crachent dessus dans la rue. » Il faut affronter ce regard, entendre cette voix qui parle et qui raconte l'autre côté du monde, l'autre côté du genre. Cette voix qui témoigne de la pression sociétale pesant sur les épaules de celles et ceux qui, par leur seule existence, sont le petit grain de sable dans la machine bien huilée de la binarité.

Je pense à ces patientes et à ces patients qui poussent la porte du cabinet, venant consulter, avec un genre assigné à la naissance, et qui, après des années de réflexion – et trop souvent de souffrance –, savent enfin qui ils sont. Qui sont prêts à le devenir, coûte que coûte, quand bien même ce qu'ils représenteront dans la société leur vaudra mépris, stigmatisation, violences physiques et morales.

Je pense à Marie, cette femme qui ne peut être pleinement elle-même dans la rue qu'à la nuit tombée, « parce que c'est là qu'il y a le moins de monde, donc le moins de risque ». Puis elle se corrige :

– C'est malgré tout à double tranchant : si on se fait agresser – parce que ça arrive forcément –, il y a moins de monde pour intervenir.

Elle parle d'expérience. Malheureusement.

Je pense à Jean, cet homme qui vient chaque mois s'asseoir en salle d'attente et qui discute de la marche du monde avec son généraliste au moment de sa piqûre de testostérone. Jean va à la salle, est plus musclé que moi, plus barbu que moi, et je me demande bien quelle société malade voudrait l'obliger, au nom du sexe qui lui a été assigné à la naissance, à fréquenter les toilettes des femmes. Quelle tête feraient les usagères d'icelles, alors, en voyant débarquer Jean, ses biceps et sa moustache !

L'écueil serait de soigner ces patients « comme tout le monde » en ignorant le risque psychosocial inhérent aux discriminations qu'ils et elles subissent. L'identité de genre importe peu pour soigner une angine, mais elle est essentielle pour veiller, au détour d'une consultation lambda, à l'état moral et psychologique du patient.

Les personnes trans se suicident davantage que le reste de la population[1]. Non pas parce qu'elles sont trans, mais parce que la société est transphobe et binaire ; prisonnière d'une binarité héritée du judéo-christianisme. Une binarité qui ne rend pas hommage à la fluidité de genre qui existait dans nos sociétés occidentales préchrétiennes ou qu'on retrouve encore dans tant d'autres civilisations. C'est nous les tristes sires, coupables, qui avons imposé des destins tragiques à une partie de nos semblables.

Car, dans l'Antiquité, pourtant prompte à montrer des tragédies, la transidentité n'en est pas une. Au contraire.

---

1. Selon une étude réalisée au Danemark en 2023, le risque de faire une tentative de suicide est près de huit fois plus important pour les personnes transgenres que pour le reste de la population. https://www.lemonde.fr/international/article/2023/07/06/pour-les-personnes-transgenres-le-risque-de-faire-une-tentative-de-suicide-est-pres-de-huit-fois-plus-important-selon-une-etude-danoise-inedite_6180851_3210.html

Tirésias en est la preuve. Jeune garçon aimé des dieux, il croise un beau jour ce qu'il n'aurait pas dû voir – le plus souvent il s'agit de deux serpents en train de s'accoupler, parfois de la déesse Athéna en train de se baigner. Tout mortel voyant un dieu dans sa véritable apparence est destiné à mourir, mais la déesse est magnanime, elle ne le tue pas mais le transforme. Il devient alors une femme.

Plus tard, alors qu'Héra et Zeus, le couple régnant alors sur le monde, sont en pleine querelle conjugale, ils font appel à lui qui a vécu les deux réalités pour trancher un débat : qui, de l'homme ou de la femme, a le plus d'orgasmes, de plaisir ? Tirésias répond sans hésiter que c'est la femme : elle peut jouir plusieurs fois en peu de temps. Héra, scandalisée que soit ainsi dévoilé sans pudeur tout un pan du mystérieux continent féminin, le rend aveugle. Zeus, en compensation, lui accorde le don de voir l'avenir. Ainsi, Tirésias devient le plus grand devin de la mythologie.

Aucune tristesse dans cette histoire. La transidentité n'est pas une tragédie, mais une voie vers une forme de surhumanité.

Il en va de même pour Hermaphrodite, vénéré comme un dieu et faisant l'objet d'un culte dans de nombreuses cités. Son histoire est non seulement une histoire d'amour, mais une histoire d'amour qui finit bien. Comme son nom l'indique, Hermaphrodite est le fruit des caresses et des baisers de la déesse de l'amour, Aphrodite, et du dieu des voyages, Hermès. Il naît garçon et le demeure jusqu'à ce qu'une naïade, Salmacis, tombe éperdument amoureuse de lui. Alors qu'ils s'embrassent dans le lac où elle vit, la naïade implore les dieux qu'ils ne soient plus jamais séparés. Son vœu est exaucé : leurs deux corps fusionnent au point de n'être plus qu'une seule et même personne. Depuis lors, la légende veut que quiconque se baignerait dans ce lac pourrait ainsi changer de sexe.

Non seulement la souffrance n'est pas de mise, mais les Grecs et les Romains vont jusqu'à offrir à leur imaginaire un lieu magique, un espace où chacun pourrait devenir qui il est.

L'idéal et l'imaginaire sont le reflet de la pensée. En Grèce et à d'autres moments et lieux de l'histoire humaine, les hermaphrodites ont eu leur place. Hippocrate, père de la médecine, conçoit la sexualité non comme une binarité figée, mais comme un continuum allant du masculin au féminin sans rupture ni séparation. Pour la médecine grecque, malgré toutes ses erreurs et approximations, nous sommes tous, à des degrés divers, homme et femme. Scientifiquement, politiquement et philosophiquement, les Grecs étaient plus avancés que nous sur cette question. Il y a de quoi rougir de ce retard – de honte ou de colère – et, au moins y réfléchir.

Il y a les personnes cisgenres, dont le genre correspond à celui qui leur a été attribué à la naissance en fonction de leurs organes génitaux.

Il y a les personnes transgenres, dont le genre ne correspond pas à celui qui leur a été assigné à la naissance.

Il y a aussi les personnes non binaires, dont l'identité ne se situe ni à une extrémité ni à l'autre, mais quelque part sur le spectre immense et varié que constitue le genre, tel qu'il est expérimenté par les êtres humains depuis toujours.

N'en déplaise à celles et ceux qui voudraient enfermer l'humanité dans une version simplifiée et réductrice de son histoire, toutes ces personnes ont droit de cité. Toutes, à leur manière, apportent leur pierre à l'édifice merveilleux du genre humain.

Pourquoi vouloir réduire le spectre du genre ? Pourquoi vouloir étouffer nos singulières complexités ? Imagine-t-on un mathématicien se plaindre qu'il y a trop de nombres ? Un fleuriste regretter qu'il existe trop de fleurs ? Un peintre réclamer moins de couleurs ?

La transidentité est vieille comme le monde. Des témoignages existent aux quatre coins du globe. L'existence même de figures mythiques incarnant la fluidité du genre rappelle que les personnes que nous accueillons dans nos cabinets n'obéissent en rien à la vision erronée selon laquelle la transidentité serait une mode contemporaine. Il faut, d'ailleurs, ne rien connaître du « parcours trans » pour imaginer que quelqu'un s'infligerait un tel chemin, avec les discriminations innombrables qui l'accompagnent, par simple « conformisme ».

Les personnes trans ont toujours existé. Il n'y en a pas plus qu'avant. Elles ont simplement, grâce aux avancées sociales arrachées de haute lutte par les militants LGBT, gagné enfin la possibilité d'être elles-mêmes.

Nous devrions être fiers de pouvoir être ces soignants qui ouvrent leur porte et offrent leur savoir à ces patientes et patients. Nous ne recevons pas « des trans ». Nous accueillons des Tirésias en quête d'avenir et des Hermaphrodite en quête de paix. À nous de les aider à être enfin ce qu'ils et elles ont toujours été.

Gaster

Depuis des années maintenant, les études pleuvent pour démontrer l'implication cruciale du microbiote intestinal dans une multitude d'affections allant du surpoids à la dépression, en passant par les maladies auto-immunes.

On le sait maintenant, il existe quelques petites choses, anodines, à faire quotidiennement pour remettre notre microbiote en habits du dimanche et lui redonner sa jeunesse.

Première astuce : mangez des fibres. Beaucoup de fibres. On les appelle aussi des résidus, ce sont des substances d'origine végétale, résistantes à la digestion et à l'absorption dans la partie supérieure du système digestif, et qui vont fermenter à la suite de la digestion. On les trouve dans les fruits, les légumes et les salades. Ces fibres vont servir de bonne nourriture aux bonnes bactéries et agir comme des prébiotiques, c'est-à-dire favoriser l'implantation d'une flore intestinale équilibrée en lui permettant de trouver ce dont elle a besoin pour prospérer. Il faut changer chaque semaine de fruits et légumes en les variant autant que possible.

Deuxième astuce : mangez des aliments fermentés. Un maximum d'aliments fermentés. Mangez des yaourts maison, du kimchi – ce chou fermenté coréen, on en trouve dans toutes les épiceries et supermarchés aujourd'hui –, et buvez du kéfir, du kombucha, ou encore du jus de choucroute lactofermenté. Je sais, dit de cette façon, ça ne fait pas rêver, et encore moins quand j'ajoute que l'effet est maximal lorsque ces aliments fermentés sont ingérés à jeun... Mais, conseil du docteur : faites-le ! En plus de lutter contre la constipation, cela aidera à ensemencer votre tractus digestif avec des millions de petits soldats prêts à travailler pour vous jour et nuit.

Troisième astuce : les médecins le disent depuis des années et ce n'est pas pour vous ennuyer mais, oui, les antibiotiques c'est pas automatique. Ce sont de merveilleux médicaments en cas d'infection bactérienne. En dehors de cela, non seulement ils ne vous sont d'aucune aide, mais ils vous ratiboiseront aussi la flore de la pire des manières, en vous offrant au passage diarrhées et mycoses mal placées. Non, ce ne sont pas des bonbons, oui, ils ont des effets parfois indésirables.

Quatrième astuce : évitez les édulcorants. Ces substances qu'on ajoute aux aliments, aux boissons, voire aux médicaments, pour leur donner un goût plus sucré. Aspartame et compagnie ? Ce sont des tueurs de bactéries de haut vol. Fuyez-les comme la peste. De même, fuyez tous les aliments ultra-transformés, les plats tout prêts et autres joyeusetés de l'industrie agroalimentaire. Le principe est simple : plus votre nourriture sera composée d'éléments bruts, non transformés, mieux ce sera.

Cinquième astuce : ne grignotez pas. Il faut laisser votre tractus digestif respirer entre deux digestions. Le laisser se reposer. Mangez tôt le soir, tard le matin, et laissez la nuit faire son œuvre. Vos petits soldats microbiens vous remercieront. Et, bien sûr, dormez beaucoup.

Sixième astuce : évitez les excitants. Nicotine et alcool principalement sont nocifs pour votre flore. L'effet du café sur celle-ci est encore discuté.

Septième astuce : misez sur les polyphénols, ces antioxydants naturels qu'on trouve dans les baies, les framboises, les fraises… Et aussi, mangez du beurre. Oui, oui, du beurre ! Encore mieux : du beurre fermenté, ou beurre clarifié ! L'acide butyrique, qu'on trouve par exemple dans le beurre indien appelé ghee, est un allié de choix pour l'équilibre de votre flore.

J'ai l'impression d'aligner des évidences : mangez cinq fruits et légumes par jour, l'eau ça mouille et le feu ça brûle… En réalité, je voulais parler de l'impact de la flore intestinale sur notre constitution et de comment on découvre chaque jour un peu plus son rôle clé dans notre santé globale.

Il existe dans le monde des zones à centenaires – les zones bleues comme on dit – où l'espérance de vie est la plus longue sur Terre. Certes, on y vit plus vieux, mais surtout, on y vieillit bien. Outre un environnement plus sain et une activité physique régulière, les habitants de ces zones partagent tous un point commun : une alimentation majoritairement d'origine végétale, riche en légumes, fruits et céréales complètes. Les produits d'origine animale (viande, poisson, fromage) y sont consommés en petites quantités.

Le plus fascinant ? Ces régimes, adoptés bien avant qu'on ne découvre l'existence du microbiote intestinal, servent pourtant le même objectif : une flore intestinale en bonne santé.

Vous voulez vivre vieux ? Prenez soin de vos petits soldats.

Ces conseils, qui paraissent à la pointe de la diététique et qui, de fait, ont connu un essor scientifique au début du XXIe siècle avec les études sur le génome, remontent en réalité à une intuition venue de la nuit des temps, et qui se manifeste dans la mythologie grecque.

Les Grecs s'appelaient eux-mêmes « les mortels » tandis qu'ils nommaient leurs dieux « les immortels ». Mais les dieux, eux qui ignoraient la mort, ne se désignaient pas ainsi. Ne connaissant pas la finitude, ils s'appelaient plutôt « les senteurs » et nous désignaient, nous pauvres humains, comme « les mangeurs ». Un qualificatif quelque peu péjoratif… Quand les Muses, qui inspiraient les poètes[1], jugeaient leur travail indigne, elles les rabrouaient en les traitant de « mangeurs » (*brôtoi* en grec). Le

1. Ce faisant, les Muses sont doublement liées au souffle : inspiration et senteur.

poète Hésiode en fit les frais. Lorsqu'il leur demanda de lui raconter la naissance du monde, elles commencèrent par lui répondre : « Vous autres, pâtres, vous n'êtes que des ventres. » Puis elles lui révélèrent, entre autres, l'origine de ce sobriquet. Contrairement à notre univers judéo-chrétien où la création de l'homme est un acte fondateur, la mythologie grecque accorde peu d'importance à l'apparition des humains. Bien au contraire, les humains sont les parents pauvres du vivant enfanté par la Terre (Gaïa). Ils sont relégués au bas de l'échelle naturelle. À tel point que le Titan Prométhée, pris de pitié, ne peut s'empêcher d'intervenir.

Ces êtres nus et sans qualités ne savent ni courir vite, ni grimper haut, ni se régénérer ou se reproduire rapidement, et surtout leur peau sans poils est si fragile qu'il suffirait de quelques coups de griffes pour les anéantir. Pour leur donner une chance, mais aussi parce que Prométhée a également quelques comptes à régler avec Zeus, dont il conteste le nouveau pouvoir, il entreprend de voler au maître des dieux un peu de son foudre.

Muni d'une férule, en catimini malgré ses centaines de mètres de haut – les Titans doivent leur nom au fait qu'en tendant les bras ils caressent le ciel –, il parvient à subtiliser une étincelle et l'offre aux hommes, qui ainsi « découvrent » le feu.

Zeus est furieux. Maintenant qu'ils détiennent un attribut divin, le sien, les humains ne risquent-ils pas de prendre sa place ? De devenir, à leur tour, les nouveaux dieux ?

Le roi des dieux songe à exterminer l'espèce humaine, mais Prométhée parvient à le détourner de ce projet en lui suggérant une idée séduisante : puisque les humains détiennent le feu grâce à Zeus, il serait légitime de leur demander une compensation en retour, en nature, sous la forme d'offrandes et de sacrifices. Zeus, bien que méfiant, accepte l'idée. Après tout, cela lui permettra de distraire les autres dieux, et surtout, cela donnera enfin une raison d'être à ces créatures si peu respectables, sinon inutiles, que sont les hommes.

C'est ainsi qu'à Mékôné se déroule en grande pompe le premier sacrifice. Cent bœufs – littéralement une hécatombe (de *hécaton*, « cent », et *bous*, « bœufs ») – sont tués de manière rituelle. Les hommes font cuire leur chair pour préparer un somptueux festin aux Olympiens. Grâce à eux (et aux malheureux bœufs), les dieux vont se régaler.

Mais Prométhée ne résiste pas à la tentation de jouer un nouveau tour à Zeus. Aux hommes, il conseille de dissimuler les bons morceaux de viande bovine sous un tas d'entrailles et de faire cuire les os dans la graisse de l'animal. Zeus et les dieux étant les invités, ils doivent choisir leur part et désigner ce qu'ils laissent aux hommes. Alléchés par la bonne odeur et peu portés sur les tripes et l'andouillette, Zeus et les autres commensaux divins préfèrent sans hésiter la partie juteuse de graisse et… tombent sur un os – et même sur plusieurs, si bien dépiautés qu'il ne reste plus rien à manger dessus.

Depuis ce jour, ils doivent se contenter de respirer le doux et appétissant parfum de la viande qui grille tandis que les hommes, eux, se pourlèchent des morceaux cuits de l'animal qu'ils ont tué[1].

Zeus, à qui cette rouerie a fortement déplu, décide de punir Prométhée, et tous les hommes avec lui. Le Titan est enchaîné au sommet du Caucase – la plus haute montagne connue, seule à même de supporter sa stature immense – où il subit un supplice sans fin. Chaque jour, l'aigle de Zeus,

1. Les Grecs appelaient ce banquet rituel un « holocauste » parce que « tout » (*holos* en grec) devait être cuit (*kaiô* en grec) : troublante destinée d'un mot qui est passé du sacrifice animal au sacrifice humain.

son seul visiteur, vient lui becquer le foie, qui repousse inlassablement.

Le châtiment réservé à la gent humaine n'est guère plus tendre. Puisque les hommes ont pris à la terre et tué un être vivant pour se nourrir, eux aussi devront un jour mourir et nourrir la terre. C'est en souvenir de cet épisode que les hommes gagnent leur nom de « *brôtoi* » : les mortels, mangeurs de viande cuite, tandis que les dieux, les immortels, se contentent de la fumée des offrandes.

C'est dire à quel point, pour les Grecs, non seulement l'acte de se nourrir mais aussi la nature de la nourriture avait de l'importance. Manger relevait de quelque chose qui n'était pas uniquement sacré, mais qui était déterminant dans l'essence même de l'être humain.

Nous aurions tout à gagner, aujourd'hui encore, pour la santé du corps, mais aussi de l'esprit, à remettre un peu, non du sucré ou du salé, mais du sacré dans notre façon de nous alimenter. Vivants omnivores, nous sommes nés pour consommer des végétaux ou des animaux – et non des substances chimiques transformées. Si nous nous écartons de ce principe, c'est le massacre assuré pour notre cœur, nos artères, notre graisse abdominale et notre dignité.

Les Grecs, qui accordaient, eux, une valeur sacrée à ce qu'ils mangeaient, ont inventé la diététique. Quant aux Romains, ils ont fait de leur gastronomie une véritable religion – notamment autour d'un aliment de prédilection : le chou, proposant plus de deux cents façons de l'accommoder.

Alors, si vous voulez prendre soin de votre deuxième cerveau – l'intestin –, tout en nourrissant le premier, mangez du grec, du latin… et du chou !

Docteur Queen, femme médecin

Je me souviens de cette consœur interne en médecine du temps de mes études, Capucine. Capucine était petite – vraiment petite –, avait une voix fluette, et une intelligence inversement proportionnelle à sa taille. Elle était simplement l'une des meilleures étudiantes de notre promotion.

Mais, aux yeux des patients, elle peinait à s'imposer en tant que médecin. Sans cesse ramenée à sa taille, à sa jeunesse trompeuse et à son genre, elle devait affronter les mêmes réflexions :

– Vous êtes l'infirmière ? Quand est-ce que je verrai le médecin ?

– Mais vous venez de le voir, monsieur, je suis *la* médecin.

Rien n'y faisait, les gens avaient du mal à la croire.

Pour compenser, Capucine devait « en faire des caisses ». Stéthoscope bien en vue autour du cou, blouse impeccable, étiquette épinglée sur le revers, avec un imposant DOCTEUR en rouge. Elle forçait la voix dans les graves. Elle « performait » le médecin.

Il y a encore cette croyance, ce stéréotype éculé – mais n'est-ce pas le propre des stéréotypes d'être éculés ? – qu'un médecin compétent est un homme chauve et vieux, en blouse et mocassins à glands, pas une gamine qui a l'air d'avoir douze ans, si brillante soit-elle. Pire encore : plus elle est brillante, plus elle doit s'affubler des attributs masculins pour être crédible. Parce que, au fond, tous les rejetons du patriarcat – quel que soit leur genre – ont peur d'une femme « qui sait ».

Les Grecs de l'Antiquité avaient déjà bien cerné le problème en créant le mythe des Sirènes et celui de Circé.

Les Sirènes antiques, bien différentes de leurs cousines nordiques mi-femmes mi-poissons, sont des divinités ailées vivant près de la Sicile. Leurs chants merveilleux subjuguaient les marins jusqu'à provoquer leur naufrage. On croit souvent que c'est leur manière de chanter qui entraîne la mort des marins, qui se noient pour aller les rejoindre – aucun ne pouvant par conséquent témoigner –, mais c'est faux.

Lorsque Ulysse arrive non loin de leur île, il demande à ses compagnons de se boucher les oreilles à l'aide de petits morceaux de cire (les boules Quies antiques), mais aussi de l'attacher fermement au mât du navire. Ainsi, il veut tout entendre mais ne pourra rien faire. Dès que les Sirènes pointent le bout de leurs plumes et volettent en fredonnant autour du héros, elles ne prononcent ni sortilèges ni paroles obscures dans une langue inconnue. Elles lui racontent simplement tout ce qu'il a vécu et tout ce qui l'attend. En d'autres termes, elles en connaissent plus que lui, sur lui.

Voilà ce qui, depuis des lustres, effraie les vieux loups de mer homériques au point d'aller se fracasser contre les rochers : que des créatures féminines en sachent plus qu'eux.

Prenons un autre exemple, tiré de l'*Odyssée* – un épisode sans lequel le récit tout entier n'aurait peut-être jamais existé. Sans cette rencontre, Ulysse n'aurait ni triomphé des Sirènes, ni été à la porte des Enfers, et il aurait encore moins retrouvé le chemin d'Ithaque : il s'agit de Circé. Vous la connaissez sans doute comme la

« magicienne » qui transforme les compagnons d'Ulysse en cochons. Mais Circé, c'est bien plus que cela. C'est aussi elle qui lui explique comment se protéger du chant envoûtant des Sirènes, quel itinéraire suivre ensuite, quels dangers éviter, à qui demander grâce… En somme, elle lui donne les clés pour survivre. Et si le mot « magicienne » est entre guillemets, c'est parce que, en réalité, Circé n'est pas une magicienne, mais bel et bien une figure de soignante, de savante – une médecin, en somme.

En grec, selon le texte attribué à Homère, elle est qualifiée de *polypharmakon*, c'est-à-dire « qui possède beaucoup de médicaments ». Il existe bien des magiciennes et des magiciens dans l'imaginaire de l'Antiquité, qui lancent des sorts et des boules de feu, égorgent des poulets, font des imprécations et réparent des ordinateurs, mais ce n'est pas le cas de Circé. Circé connaît tous les remèdes et comment les utiliser pour guérir, soulager… ou tuer – le mot *pharmakon* désigne à la fois les médicaments bénéfiques et les poisons. Elle applique d'ailleurs les deux facettes de son savoir aux compagnons d'Ulysse : un premier médicament les transforme en porcs (métaphore de ce qu'ils sont vraiment à ses yeux de déesse !), puis un second les retransforme en hommes « meilleurs », nous dit Homère : elle les soigne donc.

Et ce n'est pas fini.

Chez les Romains, c'est Flora – déesse des fleurs et des prostituées – qui prépare et administre les médicaments, pour les hommes comme pour les dieux. Ajoutez à cela que pour un seul Asclépios masculin, la mythologie grecque nous a laissé six divinités féminines, ses filles, qui veillent sur notre santé (Panacée, Hygie, Iaso, Méditrine, Églé et Acéso) – nous les avons déjà croisées. Et si l'on regarde l'histoire antique, on trouve plusieurs soignantes célèbres, dont la mère de Socrate. Vous comprendrez aisément que le problème vient de nous, qui, au XXIe siècle, ne sommes toujours pas capables d'accepter qu'une femme sache et soigne.

Là où cela devient merveilleux, c'est que les mythes sont rejoints aujourd'hui par les statistiques. Et pas n'importe lesquelles. Celles des cabinets d'assurance – vous savez, ceux qui indemnisent les victimes d'erreurs médicales. À compétences égales, seulement 26 % des médecins femmes sont poursuivies juridiquement pour des erreurs médicales contre 49 % des médecins hommes. Une différence qui persiste même après ajustement en fonction de l'âge, de l'ancienneté, de la spécialité et des caractéristiques des patients[1].

Il n'y a pas eu qu'une seule étude à ce sujet[2]. Le docteur Yusuke Tsugawa, auteur principal d'une étude américaine[3], conclut : « Nos résultats indiquent que les médecins de sexe féminin et masculin pratiquent la médecine différemment. Et que ces différences ont un impact significatif sur les résultats de santé des patients. »

Traduction ? D'après cette analyse menée sur plus de 1,5 million d'hospitalisations, les malades pris en charge par unE soignante ont une réduction de 4,3 % du risque de décès à trente jours et de 5,5 % du risque d'être réadmis à l'hôpital.

1. Freeborn, D. K., Levinson, W., Mullooly, J. P., « Medical Malpractice and Its Consequences : Does Physician Gender Play a Role ? », *Journal of Gender, Culture, and Health*, 4, 201-214 (1999). https://link.springer.com/article/10.1023/A:1023229315951

2. Firth-Cozens, J., « Effects of Gender on Performance in Medicine », *BMJ*, 336, 731-732 (2008). https://pmc.ncbi.nlm.nih.gov/articles/PMC2287223/

3. Tsugawa, Y., Miyawaki, A., *et al.* : « Comparison of Hospital Mortality and Readmission Rates by Physician and Patient Sex », *Annals of Internal Medicine*, 177, 598-608 (2024). https://doi.org/10.7326/M23-3163

Concrètement, dans un pays comme les États-Unis, si les docteurs masculins soignaient *comme* leurs consœurs, 32 000 personnes de plus de soixante-cinq ans seraient sauvées annuellement.

Vous vous demandez à quoi ressemble un bon médecin ? Statistiquement, il ressemble davantage à Capucine qu'à votre vieil oncle Roger.

Sur l'île de Philoctète

À quoi pense un explorateur spatial qui, ayant à peine posé le pied sur une planète étrangère, tombe sur des extraterrestres qui lui ressemblent mais qui, aussitôt, le dépouillent de ses vêtements, pour l'habiller d'une simple blouse blanche ? Qui lui ordonnent de rester allongé sur un lit tandis qu'ils se relaient auprès de lui, parfois sans même donner leur qualification ou leur nom et s'affairent autour de lui en lui introduisant des tuyaux dans la bouche, dans les veines, dans les fesses ? Qui le glissent dans un grand tube blanc au mécanisme si bruyant qu'on lui colle des boules Quies dans les oreilles ?

Comment réagirait notre explorateur si, en plus, on lui annonçait qu'on fait tout cela « pour son bien » ? Il a mal au dos depuis des mois, et ces étranges créatures lui expliquent qu'elles ont une petite idée de ce qu'il a et qu'elles peuvent, peut-être, poser un nom dessus. Mais avant cela, il devra « passer à table » : tout raconter de lui à des inconnus, le moindre bobo, le moindre trou qui lui ferait de l'air, tout, tout, tout.

Chaque jour, des milliers de gens vivent dans les hôpitaux la même situation que notre explorateur.

Maintenant, que se passe-t-il dans la tête de notre explorateur exilé sur cette planète étrangère quand on lui annonce qu'il devra y rester *toute sa vie* ?

Que ressent un patient souffrant d'une maladie chronique ou quand le mal devient permanent, qu'il ne passera pas ? Lorsque le rendez-vous chez le médecin devient un événement non plus épisodique, mais mensuel, voire hebdomadaire ?

Je pense à tous ces patients qui, en plus d'une vie quotidienne bien chargée – métro, boulot, dodo –, doivent glisser dans les interstices de leur agenda de nouvelles plages horaires pour consulter le médecin généraliste, puis le spécialiste, passer à la pharmacie récupérer le traitement, aller voir le kinésithérapeute… Et tout cela, plusieurs fois par mois.

Le tout, évidemment, écrasé sous le poids de la fatigue permanente propre aux pathologies chroniques : diabète, polyarthrite, maladies inflammatoires chroniques de l'intestin, sclérose en plaques, maladies thyroïdiennes, hypertension artérielle, asthme sévère... Une fatigue paradoxalement inépuisable qui enferme les patients, entrave leur mobilité, ronge leur vie sociale. Toutes les douleurs chroniques nécessitant la prise de traitements journaliers sont comme autant de petits chiens noirs qui nous suivraient partout en nous mordillant les mollets, d'invisibles serpents qui s'accrocheraient aux souliers... Des rappels permanents de la fragilité du corps, de sa mortalité, comme un miroir cruel, perpétuellement tendu vers notre propre fin.

Imagine-t-on le coût cognitif d'un tel combat quotidien ? Pour le malade ? Pour les aidants ?

Lorsqu'on tombe malade, d'une bonne grippe par exemple, on peut se dire « mon corps me trahit » certes, mais temporairement ! Quand le mal est chronique, il faut cohabiter définitivement avec cette trahison. Comment envisager cette idée d'un corps à soi qui ne fonctionnera jamais plus « bien comme il faut » ? Il faut se réapproprier cette enveloppe charnelle qui manque à sa parole mécanique.

C'est comme devoir pleurer la mort d'un ami très cher dont un dieu malfaisant nous obligerait à porter la lourde carcasse sur le dos jusqu'à la fin de nos jours. Comment faire son deuil dans de telles conditions ?

Ces patients sont des exilés, enfermés sur l'île de leur propre corps malade. Un territoire où nul ne peut vraiment les rejoindre pour briser leur solitude, la comprendre ou même la partager.

Le poète Sophocle avait quatre-vingt-cinq ans quand il écrivit à son tour une tragédie sur Philoctète. Nul doute qu'à cet âge il était perclus de douleurs à l'image de son héros. Philoctète, c'est l'histoire d'un homme rongé par une plaie au pied qui ne guérit jamais, condamné à souffrir sans espoir de répit. Il est comme tous ces gens qui souffrent dans leur chair quotidiennement – parfois sans réponse claire et franche sur l'origine de leur malheur –, sans traitement et surtout sans espoir de guérison à l'horizon.

À cause de cette même blessure, douloureuse mais qui ne le tue pas, lui le grand guerrier, indispensable à sa communauté, vénéré et loué de tous, a été non seulement mis au ban de la société mais abandonné à la pointe déserte d'une île hostile. Ce n'est pas la contagion qui effraie ses compagnons – dans l'Antiquité, on savait déjà que les plaies ne sautent pas d'une jambe à l'autre. Non, ce qui le condamne à l'exil, c'est l'odeur. La plaie suppure et ne sent pas bon. Philoctète n'étant littéralement plus « en odeur de sainteté », il est abandonné dans son sommeil sur l'île de Lemnos, sans même qu'on lui offre une mort digne pour abréger ses souffrances. On est peu de chose, même lorsqu'on est un héros.

Dix ans plus tard, pourtant, les Grecs doivent se rendre à l'évidence : ils ont besoin de Philoctète. Plus précisément, ils ont besoin de ses armes divines, un arc et des flèches hérités d'Héraclès, capables d'atteindre leur cible sans jamais faillir. Sans lui ils ne pourront jamais conquérir Troie : s'ils ne l'acceptent pas dans leurs rangs, s'ils ne prennent pas en charge le malade, leur guerre va échouer et leur civilisation va mourir.

Ulysse[1], le même qui l'a abandonné sur l'île, monte une expédition pour aller dérober les armes

1. Qui n'est pas encore « l'homme qui a tant souffert » puisque l'épisode se situe avant ses errances de l'*Odyssée*.

de Philoctète. Selon les versions, c'est soit Machaon, héros guérisseur fils d'Asclépios, soit Néoptolème, fils d'Achille, qui est envoyé sur l'île pour s'emparer traîtreusement de l'arc et des flèches du malade. Dans les deux cas, le jeune homme d'abord s'exécute avant de rendre l'objet du larcin au grabataire, ému par l'injustice qui lui a été faite et par l'état dans lequel il se trouve.

Dans cette histoire, universelle comme la souffrance, je vois aussi peut-être une injonction pour les soignants : ne pas confisquer ses armes au malade chronique. Mieux encore : l'armer intellectuellement.

J'entends par là partager avec lui – comme un guerrier partagerait ses flèches et ses munitions – la connaissance sur la maladie dont il souffre, ses mécanismes, le fonctionnement des médicaments qu'on lui prescrit. Le rendre moins dépendant en l'autonomisant au mieux. Moins vulnérable face aux extraterrestres que nous sommes.

Lui redonner un peu de liberté en l'informant des déterminismes qui procèdent de son mal. L'aider à mieux se connaître, donc à mieux s'aider lui-même. Il est peut-être isolé sur son île déserte, certes, mais rien ne nous empêche de lui envoyer des bouteilles à la mer pour lui apprendre à construire une cabane plus douillette.

Respecter, enfin, son droit inaliénable à l'autodétermination, un droit qui n'a de sens qu'à la condition qu'on ne lui cache rien de son état, ni des conséquences éventuelles de ses choix.

« L'être humain se croit libre car il ignore les causes qui le déterminent. » Cette phrase de Spinoza devrait nous servir de boussole. La maladie est une injustice et parfois – souvent – la pire des privations de liberté. Permettre au malade de comprendre pourquoi il a mal quand il souffre, ce qui provoque physiologiquement cette douleur et les mécanismes pharmacologiques des traitements visant à le soulager, c'est lui rendre une part de sa liberté volée et corriger un peu l'injustice qui le frappe.

Et cela n'a pas de prix.

Pater familias

S'il y a un trait saillant dans la mythologie, c'est bien la difficulté à devenir parent, et plus encore, père. Nous avons tous en tête l'image de Médée provoquant la mort de ses enfants ou de Niobé pleurant les siens. Mais ces violentes images d'Épinal que nous aimons à diffuser dissimulent une vérité plus profonde : c'est la paternité qui est, dans ces récits, la plus problématique.

Tout commence dès l'aube du monde, lorsque Ouranos, le ciel incarné, empêche Gaïa, la Terre, de mettre au monde leurs enfants en la couvrant entièrement, si bien qu'elle ne peut accoucher. Elle a beau avoir de « larges flancs », comme l'écrit le poète Hésiode, elle souffre intensément de devoir cacher sous elle ses enfants – douze Titans, trois Cyclopes et trois Hécatonchires. Elle en appelle alors à sa progéniture. L'un des Titans, Kronos, « le retors » selon le texte grec, saisit une serpe avec laquelle il émascule son père. Ce faisant non seulement il libère sa mère ainsi que ses frères et sœurs, mais il en profite pour prendre le pouvoir sur le monde.

Mais le cycle ne s'arrête pas là. Devenu roi, Kronos devient père à son tour. On pourrait s'attendre à ce que, ayant subi la violence de son père et vu sa mère la subir, il soit attentif et prompt à réparer les torts passés. Mais c'est tout l'inverse. Alors qu'Ouranos se contentait de rendre impossible l'arrivée des enfants, Kronos, lui, les avale dès leur naissance. Il y a mille façons d'interpréter ce mythe ; parmi elles en voici une, très simple, qui n'est jamais entendue : méfions-nous du patriarcat, il nous dévorera tout crus !

Continuons. Kronos engloutit tous ses enfants, sauf un : Zeus. Sa mère Rhéa est parvenue à le cacher au loin sur le mont Ida. L'enfant grandit sans père ni mère, confié au lait de la chèvre Amalthée et aux mains douces des nymphes qui le nourrissent de baies sauvages[1].

---

1. Ces framboises gagnent leur couleur rouge car l'une des nymphes, en allant les cueillir, se pique le sein, colorant pour toujours d'une goutte de sang rose vif le fruit acidulé.

Lorsque Zeus lui-même devient père, les relations familiales ne sont guère apaisées. Le roi de l'Olympe avale Métis, sa première épouse, pour empêcher qu'ils aient un enfant mâle, lequel, selon la prophétie, détruirait son royaume. Métis, la prévoyante, avait anticipé le crime et était déjà enceinte : Athéna jaillira donc, armée de pied en cap, du crâne de son père, bien malgré lui. Par la suite, il abandonne absolument tous ses enfants, divins ou mortels. C'est à eux de venir le chercher, de prouver leur valeur, de mendier une reconnaissance paternelle qu'il n'accorde qu'au prix d'une soumission totale à son autorité.

Zeus père tolère d'avoir des enfants, mais ne les éduque ni ne les soigne jamais : est-ce un progrès ?

Chez les mortels, la fibre paternelle n'est pas moins sanglante. Agamemnon sacrifie sa fille – ou du moins croit le faire – pour que l'armée grecque puisse partir à la conquête de Troie. Citons aussi Laïos abandonnant Œdipe tout bébé. Et quand ce n'est pas le père, c'est l'oncle : Pélias tente de tuer son neveu Jason. Après les meurtriers, viennent les pères démissionnaires : dieux et héros confondus, avec Zeus en tête (ou en queue !) qui engrosse tout ce qui est fécond et ne se préoccupe de sa descendance que si la mère le lui réclame.

Bien sûr, il y a aussi des pères mémorables, dévoués et aimants, à commencer par Anchise, le père d'Énée. Mais le modèle dominant, celui qui se répète inlassablement dans les mythes, est celui d'une paternité redoutée, niée ou au moins douloureuse, aux conséquences tragiques.

La mythologie, depuis des millénaires, nous alerte, sans juger. Qu'attendons-nous pour l'entendre et pour soigner ?

Si ces récits nous mettent en garde contre une paternité marquée par la violence, l'abandon ou la domination, force est de constater que ces échos résonnent encore dans nos sociétés modernes, notamment dans le champ de la médecine générale.

Le médecin généraliste est souvent le premier témoin des défis liés à la parentalité. Il accompagne les mères dans le suivi de grossesse, assiste aux premiers mois de vie du nourrisson, guide les jeunes parents dans leurs inquiétudes quotidiennes. Pourtant, la place du père dans ce parcours demeure souvent secondaire, presque périphérique. Comme Zeus, Kronos ou Agamemnon, il est encore trop fréquemment relégué à un rôle d'autorité distante, présent surtout lors des décisions cruciales, mais absent du soin quotidien, du lien intime, de cette attention subtile aux besoins de l'enfant.

Bien sûr, la paternité peut être source de souffrance, de doutes et de pressions sociales encore peu explorés. Trop souvent, la détresse des pères est passée sous silence – qu'il s'agisse du baby-blues paternel, de l'anxiété face à l'arrivée d'un enfant ou du sentiment d'incompétence dans un monde où le rôle maternel reste survalorisé et où les femmes se retrouvent piégées dans des attentes rigides.

Il ne s'agit pas ici de nier les pères investis, aimants, qui s'impliquent pleinement dans la vie de leurs enfants. Mais le déséquilibre structurel demeure : la paternité reste, pour beaucoup, une option et non une évidence, un rôle que l'on peut endosser ou refuser sans que la société s'en offusque réellement. Cette clémence sociale encourage la perpétuation d'un modèle où les hommes peuvent se délester plus aisément de la charge parentale, laissant aux femmes la responsabilité principale du soin et de l'éducation des enfants. L'idée selon laquelle la maternité serait instinctive et incontournable tandis que la paternité relèverait du choix individuel crée une inégalité profonde, ancrée dans les mentalités comme dans les institutions. Tant que cette asymétrie perdurera, la parentalité ne pourra être pensée autrement que comme un poids inégalement réparti, maintenant ainsi un modèle injuste qui pénalise les mères.

En Europe, il y a sept fois plus de mères célibataires que de pères célibataires. Le spectre de l'homme qui s'en va sitôt l'enfant né n'est pas un mythe : si tant d'hommes se soustraient à leurs responsabilités, c'est bien parce que la société le leur permet. Les mères célibataires – comme toutes les mères – sont perçues tantôt comme des héroïnes, tantôt comme des irresponsables, mais leur statut est toujours commenté, évalué, jugé. À l'inverse, un père absent reste une ombre, une silhouette floue dans le récit familial, rarement pointée du doigt avec la même sévérité.

On ne jugera jamais aussi durement un homme qui abandonne son enfant qu'une femme faisant de même.

Les récits de mères infanticides ou abandonnant leur progéniture suscitent horreur et condamnation immédiate, tandis que l'homme qui disparaît avant même la naissance ou qui ne joue qu'un rôle lointain dans l'éducation de son enfant est souvent excusé, voire à peine interrogé sur son absence.

Si la mythologie nous rappelle les ravages d'une paternité vécue comme un fardeau ou une menace, la médecine générale, elle, devrait nous inciter à la réparer, à l'écouter, à l'intégrer pleinement dans le soin. Il ne suffit pas de donner une place aux pères, il faut aussi leur offrir des espaces pour exprimer leurs peurs et leurs failles, les aider à construire une relation qui ne soit ni une fuite ni une domination. Soigner la parentalité, c'est aussi soigner la paternité.

Nos masculinités sont à reconstruire, toujours.

Parce que être « un homme, un vrai » semble demeurer une préoccupation fondamentale pour les hommes, il est temps de repenser la construction de nos virilités, leur coût, et peut-être de renverser enfin cette injonction machiste pour ne pas se soustraire à ses responsabilités mais bien être au rendez-vous de celles-ci.

Bref, ce que font tant de mères depuis la nuit des temps sans réclamer de couronnes de lauriers.

L'attaque des Morgellons

Pour certains, tout commence après une rupture. Pour d'autres, après un banal week-end en camping. Pour tous, cela se traduit par des démangeaisons terribles, sur tout le corps – les jambes, les avant-bras, même le visage – partout, tout le temps. Et au-dessus de cette souffrance physique, une conviction obsédante : celle d'avoir des parasites qui courent sous la peau.

Ils sont plusieurs milliers à souffrir de ce que les patients concernés appellent désormais « la maladie des Morgellons ». Ce syndrome a été décrit pour la première fois au XVIIe siècle par un médecin anglais à Montpellier. Il étudiait alors une maladie infantile endémique de la région, touchant ceux qu'il nommait les « petits enfants du Languedoc, les Morgellons ». Avant d'aller voir du côté des tragédies antiques, faisons un détour pour mieux connaître cette affection bien embarrassante.

Cette dermatite autodiagnostiquée est remarquable à plus d'un titre. D'abord, parce qu'elle interroge notre rapport à la vérité scientifique et à l'empathie. Aucune étude sérieuse n'a jamais pu démontrer chez ces patients la réalité d'une infestation parasitique. Des milliers de biopsies de peau plus loin : et rien. Pas de parasites au microscope. La majorité de la communauté scientifique est d'accord pour classer cette symptomatologie dans la case du « délire d'infestation parasitaire ».

« Et pourtant, ils se grattent ! » pourrait-on écrire en pastichant Galilée.

Alors que faire ? Comment écouter et prendre en compte la souffrance des patients quand on ne croit pas à la réalité physique de cette maladie ? C'est ainsi qu'on assiste à la création d'associations de malades se disant abandonnés par le corps médical.

Et alors ?

Comment soigner et être en empathie avec quelqu'un qui est persuadé d'être infesté quand nos outils scientifiques nous disent « Circulez, y a rien à voir » ? Ou, presque pire : « C'est dans votre tête. »

Comment soigner quelqu'un qu'on ne croit pas ? C'est une question fondamentale. Car le soin repose d'abord sur une reconnaissance mutuelle : le patient vient confier ce qu'il vit, ce qu'il ressent – et le médecin, en retour, écoute et accueille cette parole comme authentique. Mais parfois, par formation, culture médicale ou biais inconscients, on en vient à douter de ce que raconte le patient. Et dans ce doute, c'est déjà une part de l'alliance thérapeutique qui se brise.

Comment soigner quand on cède « scientifiquement » à la stigmatisation psychiatrique ? Dans le milieu médical, la psychiatrie a longtemps été un champ à part, entouré de préjugés. On a appris aux médecins à distinguer « le vrai du faux », à soupçonner ce qu'on appelle des « bénéfices secondaires » : c'est-à-dire qu'un patient pourrait inconsciemment ou consciemment tirer avantage de sa maladie (obtenir de l'attention, un arrêt de travail, échapper à certaines responsabilités…). Ce regard suspicieux, s'il devient systématique ou prioritaire, participe à la stigmatisation psychiatrique des patients. Et cela abîme le soin.

Cette expression, « bénéfice secondaire », transporte avec elle des années de maltraitance médicale où la preuve scientifique prévaut sur la réalité affective du patient. Le concept correspond à une réalité dans certains cas, mais son usage a été détourné, parfois brandi pour minimiser la parole des patients, pour rationaliser ce qui dérange ou échappe aux normes médicales objectives. Cela a nourri une tradition où le patient devait prouver sa souffrance, où l'on valorisait la preuve mesurable – bilans, scanners, constantes biologiques – plutôt que l'expérience subjective et intime.

À force de vouloir tout objectiver, on en oublie d'écouter et de croire. Si le soupçon devient un réflexe académique, il peut devenir une forme de maltraitance insidieuse : celle de la méfiance systématique.

Et cette méfiance, paradoxalement, abîme la médecine qu'elle prétend défendre. Parce qu'on ne soigne bien que ce qu'on reconnaît et qu'on croit possible.

C'est une pathologie qui cristallise l'opposition entre droits des patients et pouvoir du corps médical, mais qui questionne aussi notre rapport au virtuel. Certains patients seraient tombés malades en lisant des témoignages en ligne. Il s'agit de la première vraie contagion virale, au sens numérique du terme…

Cette maladie touche 70 % de femmes, et cela devrait aussi nous interroger.

Qu'est-ce qui, dans notre société où la charge mentale repose très majoritairement sur les épaules des femmes, pourrait pousser tant de patientes à réclamer de l'empathie, de l'attention ?

De quelle manière la médecine accompagne-t-elle – ou non – la santé des femmes, sans jugement ?

Sans doute n'existe-t-il pas de réponse simple.

Mais sans doute aussi pouvons-nous, au moins, suspendre notre jugement scientifique pour un temps.

Nous ne savons pas tout. Nous sommes loin d'avoir cartographié l'entièreté du territoire psychopathologique inhérent à la condition existentielle humaine. Après tout, qui nous dit que nous ne découvrirons pas, dans dix ou vingt ans, une réalité biologique à ces troubles ?

Combien de médecins ont jugé négativement, voire n'ont pas cru du tout, les patients atteints de Covid long avant que la science ne trouve que le virus et sa protéine Spike pouvaient survivre dans l'encéphale et être responsables des symptômes rapportés ?

La science d'aujourd'hui n'est pas celle de demain, mais l'empathie, elle, n'a pas vocation à être circonscrite dans un territoire temporel. Elle est et doit être « de tous temps ».

Si les Morgellons ne sont pas des héros de la mythologie grecque, ils y auraient pourtant toute leur place. Car l'une des fonctions du mythe est d'être un aide-mémoire scientifique : une proto-science, un préquel, ou l'épisode I de la saga scientifique, pour le dire en des termes contemporains. À chaque phénomène qui se répète, à chaque expérience qui se reproduit, les Grecs et les Romains avaient, à la place de la théorie, un mythe : pour expliquer, pour mémoriser, pour rassurer.

Par exemple, pour expliquer les propriétés cicatrisantes de la centaurée[1], on racontait que Chiron, le plus sage des centaures, précepteur des héros et médecin des dieux, fut touché par une flèche empoisonnée du sang de l'hydre de Lerne. La douleur était si insupportable qu'il aurait souhaité

1. Pour ceux qui n'ont pas la chance de se promener en montagne, il s'agit d'une sorte de pimpant mini-bleuet.

mourir, mais, étant immortel, cela lui était impossible. Il puisa alors dans son savoir pour fabriquer un baume à base de bleuet, seul remède à même d'apaiser sa douleur.

Il en va de même du laurier intouchable comme Daphné, du pavot soporifique et narcotique qui sert de hochet à Morphée – dieu des rêves –, ainsi que de quantité de plantes dont les pouvoirs curatifs ou toxiques sont enchâssés dans un mythe.

Certes, le mythe raconte une histoire mais il expose aussi des phénomènes en attente de raison scientifique. Il donne une forme à ceux que nous ne savons pas (encore) expliquer.

Si la maladie des Morgellons avait existé dans l'Antiquité, un poète attentif se serait emparé du sujet. Il aurait imaginé peut-être un pâtre infidèle, puni par un Apollon jaloux qui aurait transformé les amantes rivales en chenilles et les lui aurait glissées sous la peau pour le hanter à jamais. Morgellon amoureux aurait eu ses belles littéralement « dans la peau » ! Ou encore une cruelle Morgellone, compagne d'Artémis, que celle-ci aurait surprise en train d'arracher les ailes d'un papillon qu'elle aurait pris dans ses filets. La déesse des forêts, horrifiée par tant de cruauté, aurait pris à son tour Morgellone dans un filet immortel dont les mailles invisibles la tortureraient encore sous sa peau.

En écoutant ces récits, les petits Grecs et Romains apprenaient bien plus que de belles histoires. Ils acquéraient aussi un savoir sur le monde en général et l'homme en particulier. Ce savoir, s'il manquait vraiment de théorie, avait une supériorité : il reconnectait les individus entre eux, les inscrivait dans une communauté, dans une histoire partagée, les empêchant de se sentir isolés. Il leur disait que d'autres avant eux, des héros ou des dieux, étaient passés par là, eux aussi. De cette façon, on les plaçait sur un chemin connu, au lieu de les égarer au bord de la route.

Et c'est là toute la différence avec notre époque. Au lieu d'inscrire les malades dans une communauté, on les rejette aujourd'hui avec un brutal « C'est tout dans la tête » – autant dire, pour enfoncer encore plus le clou de la culpabilité : « Ce n'est rien mais c'est de votre faute. »

Si Oreste, poursuivi par les Érinyes[1], déesses du remords aux cheveux de serpents, allait chez le

1. Oreste, après avoir assassiné sa mère Clytemnestre sur les conseils d'Électre, est traqué sans relâche par les Érinyes. Beaucoup plus tard, Athéna lui offre une protection décisive.

médecin aujourd'hui, celui-ci lui dirait que son mal est « psychosomatique ». Mais cela ne ferait pas disparaître la sensation des morsures venimeuses des implacables déesses.

Certes, il y a derrière ce mépris médical la lutte, légitime, contre les faux savoirs – et ils sont

---

Devant un tribunal, avec la déesse de la sagesse pour avocate, Oreste est acquitté. Mais un problème demeure : que deviennent les Érinyes si même un matricide peut leur échapper ? Jusqu'ici, leur rôle était clair : poursuivre sans répit ceux qui avaient enfreint les lois fondamentales de la société – vol, assassinat, parjure… Mais plus encore, elles s'acharnaient sur les coupables de crimes familiaux : parricides, matricides, fratricides. Implacables et infatigables, elles les frappaient de folie. Athéna leur propose alors une nouvelle mission : devenir les Semnai (« les Vénérables »), divinités bienveillantes d'Athènes. Après une longue hésitation, elles acceptent.

Eschyle les décrit comme trois sœurs, et des auteurs plus tardifs leur donnent un nom : Tisiphone, Mégère et Alecto. Tisiphone, gardienne des portes du Tartare, est drapée d'une robe souillée de sang. D'une main, elle brandit un fouet ; de l'autre, elle tend des serpents aux criminels qu'elle châtie. Mégère, elle, sème la discorde : jalousie, envie, colère, tout lui est bon pour diviser les hommes. Sa simple apparition inspire la terreur, y compris à Héraclès lui-même. Alecto, enfin, est la plus acharnée des trois. Nulle rémission ne trouve grâce à ses yeux, rien ne peut apaiser sa rage.

nombreux. Mais il y a également un aveu d'incompétence et d'ignorance. Notre savoir nous a rendus bien arrogants, parfois au point de croire qu'un phénomène que nous ne savons pas expliquer ne peut être qu'imaginaire.

Nous ferions bien de méditer le savoir impérissable énoncé par Socrate : « Je ne sais qu'une chose, c'est que je ne sais rien. »

Cent yeux mais sans cœur

Lors d'une visite chez le médecin, l'interrogatoire et l'examen médical fonctionnent comme une bille roulant dans un dédale : en fonction des réponses du patient, de ses mots et de ses plaintes, une porte s'ouvre pour laisser passer la bille, ou se ferme et l'oriente vers un autre chemin, jusqu'à ce que le diagnostic soit posé, à la manière d'une sortie de labyrinthe.

La quasi-totalité de nos décisions médicales sont basées sur des arbres décisionnels : une succession d'embranchements OUI/NON, qui mènent à d'autres bifurcations pour conduire enfin à une prise de décision. Et c'est précisément ceci qui différencie la médecine moderne basée sur des preuves et la potion magique de papi Didier.

Un patient se présente au cabinet. Il confie ses symptômes. Le médecin affine son diagnostic en cherchant l'existence d'autres indices, le fil de cette discussion passant au tamis de la connaissance scientifique. Voilà qui finalement n'est pas si éloigné d'un algorithme : une pensée binaire, 0 ou 1, qui produit un calcul, puis un résultat et donc une information. Un thérapeute consciencieux, fidèle aux valeurs du savoir scientifique, ne procède pas autrement. C'est le moyen le plus sûr de commettre le moins d'erreurs possible.

Dans ces conditions, pourquoi ne pas nous remplacer par des robots ? Après tout, si la pensée médicale rationnelle est indéboulonnable d'une rigueur scientifique extrêmement rigide, basée sur des arbres décisionnels, pourquoi ne pas laisser une intelligence artificielle poser les diagnostics ? Il suffirait au patient de répondre à un ensemble de questions sur un écran d'ordinateur pour que le programme spécifique mouline et lui délivre une réponse et une ordonnance. L'idée, d'ailleurs, minimiserait peut-être les risques par rapport au cerveau humain, capable de biais cognitifs et d'oublis.

Qu'est-ce qui nous différencie de cette machine, nous, les soignants ?

Récemment le gouvernement a publié une vidéo[1] montrant deux robots de tailles presque humaines, avec des grandes oreilles et un écran affichant un visage vaguement inspiré de celui d'un kangourou. Capables de se mouvoir dans les couloirs de l'hôpital, ils accomplissent certaines tâches habituellement dévolues au personnel paramédical. Le gouvernement s'en félicite, expliquant avoir massivement investi dans la robotique pour pallier le manque de personnel dans les structures hospitalières.

Eh bien, je vous le dis tout net : le jour où je croise un de ces trucs à l'hôpital, j'attrape une barre à mine et je le réduis en charpie. Et ce ni par peur de la concurrence, ni par robophobie – ou kangourouphilie d'ailleurs.

Entendons-nous bien : il ne s'agit pas ici du laïus du ronchon nostalgique qui sommeille en moi comme en beaucoup de nous. Les robots en particulier et les machines en général seront toujours les

1. https://www.ouest-france.fr/sante/a-defaut-des-parents-un-robot-pour-accompagner-les-enfants-en-radiotherapie-02ef96ea-c13e-11ef-8952-e83e02de38bc. Voir également : https://www.dailymotion.com/video/x8ls4m5

bienvenus à l'hôpital, de la simple machine à café aux plateformes chirurgicales robotisées les plus avancées. Il y en a même déjà beaucoup qui sont attendus comme le messie, à commencer par des lits médicalisés. De la technologie, l'hôpital en manque, c'est une évidence. Cependant il y a une chose qu'un robot ne sait pas faire : c'est être humain.

C'est aussi une évidence et pourtant nos dirigeants ne la voient pas.

D'ailleurs, notez bien qui ces kangourous mécaniques sont censés remplacer : les salariés les plus humbles et les moins diplômés de l'hôpital. C'est une double absurdité. D'abord, parce que c'est justement dans les premiers soins que l'humain est le plus important. Ensuite, il est socialement injuste et répugnant de considérer les moins diplômés – souvent des femmes à l'hôpital – comme les plus remplaçables. Alors que c'est l'inverse.

Nous n'avons pas le droit de retirer l'humain de l'équation. Même si sa contribution paraît futile ou anecdotique, elle est indispensable. Parfois, l'humain dans l'équation, c'est « juste » une main sur l'épaule. Parfois, un regard compréhensif, qui dit : « Oui, j'entends ta douleur. » Toutes ces attitudes sont impossibles quand elles sont menées par de la tôle et un programme informatique.

Une intelligence artificielle peut être, selon les points de vue, une merveille ou un monstre de calcul, de facultés, de possibilités mais aussi d'apprentissage. Cependant, il est des choses, comme la fraternité, qui ne s'apprennent pas à partir de rien : elle naît, pousse, s'éduque uniquement sur du vivant, sur de l'animal. C'est en cela que retirer l'humain de l'hôpital, bien plus que bête ou choquant, est quelque chose de grave, voire de criminel, car le soin fait partie des quelques domaines où l'humain est indispensable.

Sur le papier, dans les plans des ingénieurs et les ministères, tout est parfait, sous contrôle. Qu'est-ce qui pourrait mal se passer ?

Dans les plans d'Héra aussi, tout était parfait, sous contrôle. Et elle, en tant que déesse, est bien plus proche de la perfection et de l'infaillibilité que nous autres, pauvres mortels. Tout était prévu : pour surveiller sa prêtresse Io, que Zeus, amoureux, a transformée non en kangourou mais en génisse – chacun ses goûts –, Héra fait appel à une créature fabuleuse, Argos[1].

Argos a cent yeux pour voir et une force indomptable – à côté, Terminator est un prototype falot. Pas une once d'humanité en lui : Argos est né directement des flancs de la Terre (Gaïa) pour surveiller les hommes et les autres dieux, c'est pourquoi il est dit « Panoptès », « celui qui voit tout » en grec ancien. Gigantesque, surpuissant, doté de plusieurs bras, il a les yeux partout et une loyauté à toute

1. Si vous avez l'impression qu'il y a un Argos à chaque coin de la mythologie grecque, c'est normal. Entre Argos le chien d'Ulysse, Argos fils de Zeus (roi d'Argos, évidemment), Argos le constructeur du navire *Argo* – qu'il soit fils d'Arestor ou de Phrixos selon les versions – et Argos Panoptès, le fameux gardien aux cent yeux, on pourrait presque croire que les Grecs manquaient d'imagination pour les prénoms. Mais ce n'est pas tout à fait le cas. Le nom « Argos » était en réalité très courant, et pour cause : il viendrait d'une racine « arg- » qui signifie « brillant », « rapide » ou encore « éclatant » (et que l'on retrouve en français dans « argent »). Autant dire que c'était un nom flatteur, idéal pour des héros, des chiens fidèles ou des monstres hypervigilants. Et puis, la ville d'Argos – l'une des plus vieilles de Grèce – a sans doute aidé à populariser le nom. Bref, dans la mythologie grecque, croiser un Argos, c'est presque aussi courant que croiser un Georges dans les généalogies familiales.

épreuve. Tel un robot, il exécute son programme sans se poser de questions et rien ne peut le détourner de sa mission. Il attache Io à un olivier sacré du bois de Mycènes et la tient à l'œil, sans jamais en cligner un.

Et pourtant. Argos a beau avoir cent yeux, dont cinquante qui restent ouverts même quand il dort pour recharger ses batteries, il ne voit rien. Il ne voit ni le désir d'Io de s'enfuir, ni celui de Zeus qui veut la conquérir. Il ne voit pas, car lui-même n'éprouve pas de désir. Il ne voit pas parce qu'il n'est ni dieu, ni homme ; parce qu'il n'est pas leur frère.

Au prodigieux Argos il manque ainsi une chose essentielle pour mener sa mission à bien : la fraternité. De rage, Héra lui arrache ses cent yeux et les colle sur une autre bestiole, un peu moins merveilleuse, mais qui, elle, est capable de se lier : le paon.

La même leçon se répète avec Talos, le colosse de bronze chargé de surveiller la Crète et que Jason grâce à Médée arrive à mettre à terre. Talos est bien plus fort que Médée et Jason réunis, mais à eux deux ils parviennent à le détruire : Médée enchante la créature si bien que Jason réussit à ôter l'unique boulon qui retient son ichor, la substance fluide qui le fait vivre.

Sans fraternité – et comment un robot pourrait-il en développer ? –, il n'y a pas de lien social. Il n'y a pas de soin possible.

Nous devrions pourtant le savoir. Nous dont les prédécesseurs l'ont inscrite dans la Constitution de notre pays, nous qui la lisons dans la devise de notre pays, gravée sur le fronton de chaque mairie. Peut-être que nos ministres devraient lever la tête et la relire plus souvent.

J'ai vécu une expérience fort désagréable l'autre jour. En faisant mes courses, entre les étals de fonds de teint et de pommes de terre, je suis tombé sur une jolie petite cabine, à peu près de la taille d'un photomaton. En majuscules et couleurs vives, on pouvait lire : « DES MÉDECINS GÉNÉRALISTES ET SPÉCIALISTES VOUS ATTENDENT DERRIÈRE CETTE PORTE », le tout agrémenté d'un gros point d'exclamation ! pour qu'on saisisse bien la chance ! de pouvoir bénéficier d'un tel privilège !

Vous entrez dans la petite cabine, vous refermez la porte derrière vous et HOP ! un coup de carte vitale plus tard, vous voilà en pleine discussion avec un docteur en médecine. C'est pas merveilleux, ça ?

Mais je suis sûr qu'on peut aller plus loin : ne pourrait-on pas supprimer l'écran de téléconsultation et le remplacer par une boîte mail où on écrirait : « J'ai mal au ventre et j'ai envie de me flinguer » et HOP ! une ordonnance pour du Spasfon et un anxiolytique, sans avoir eu besoin de parler à qui que ce soit !

Si en plus on peut résoudre le problème des déserts médicaux, et à moindre frais, l'affaire est entendue.

Mais moi, je pense à Marie-Thérèse. Marie-Thérèse, qui a l'âge de son prénom, et qui vient au cabinet médical peut-être moins pour me voir que pour voir quelqu'un. Parce qu'elle est un peu seule, vous voyez, Marie-Thérèse. Eh bien, avec cette merveilleuse invention, elle n'aura même plus besoin de patienter en salle d'attente. Elle ira au supermarché et HOP ! entre deux poireaux, elle verra un monsieur en blouse derrière un écran, prêt à lui renouveler son traitement.

Je suis sûr que Jean-Kevin Machin, jeune entrepreneur, s'est dit que c'était une idée géniale. Qu'il y avait, et il a sans doute raison, une montagne de bonnes raisons à inventer un truc pareil. À commencer par se faire pas mal de fric. Bien sûr, il s'arrangera avec sa conscience en se persuadant qu'il lutte pour le bien commun et tout et tout.

Mais écoute, Jean-Kevin Machin, toi et tes potes start-uppeurs, j'ai un truc à vous dire – et peut-être que je suis finalement affreusement réactionnaire mais tant pis, je vais vous le dire quand même : remballez votre pseudo-cabinet médical, mi-toilettes publiques mi-photomaton. Faites ce que vous voulez de votre côté, construisez la société qui vous chante, mais laissez-nous ! Partez devant, on vous regarde. Mais nous, on n'en veut pas, de ce monde-là, ni pour les patients, ni pour les soignants.

On veut voir les patients. Les voir en vrai. On veut pouvoir soutenir directement leur regard quand leur regard a besoin d'être soutenu. On veut poser le pavillon de notre stéthoscope sur la peau sous laquelle bat leur cœur, et où gonflent leurs poumons. On veut pouvoir toucher leur front quand ils se disent fiévreux. On veut pouvoir poser fugitivement la main sur leur épaule quand ils quittent le cabinet après avoir beaucoup pleuré dans l'intimité de notre bureau.

Je n'ai rien contre la téléconsultation et je la pratique moi-même avec certains patients qui vivent dans les déserts médicaux. Mais tout n'est pas ubérisable. Tout ne vaut pas quelque chose.

On a besoin de verticalité. On a besoin de sacré. De lieux sanctuarisés. Où on parle sans peur. Où on est écouté sans jugement. Où un être humain tire, l'espace d'une seconde, un autre être humain de l'isolement, en écoutant son corps. En le palpant. En le touchant. En le faisant exister aux yeux d'une autre personne.

Il y a, dans notre société, des gens qui ont besoin de ça. Des gens que plus personne ne touche jamais. Des personnes jeunes ou moins jeunes, qui vivent seules, même – et parfois surtout – quand elles sont entourées de plein de gens. Qui ont besoin de ce contact, même dans les grandes villes. Surtout dans les grandes villes.

Pour savoir qu'elles existent encore.

Qu'elles existent pour quelqu'un.

Qu'elles existent pour de vrai.

Ne leur enlevez pas ça. Dans le métier de médecin, la fraternité est cet espace commun, invisible, qui se construit avec le patient.

C'est notre petit pays, qui n'est pas toujours celui des rêves, mais qui fait que le médecin veut soigner cet alter ego et que le patient fait confiance à ce médecin.

C'est un « nous » qui naît, fugace, mais indispensable.

C'est un petit cocon qui neuf fois sur dix se déchire une fois la consultation terminée.

Ce n'est pas grand-chose et pourtant tout est là.

C'est pour la même raison que la téléconsultation n'est qu'un pis-aller, un moindre mal, une version dégradée du soin.

La fraternité est une condition *sine qua non* du soin, et après seulement viennent les études, le talent, l'engagement…

La fraternité ne s'apprend pas. Elle est.

C'est une faculté que les hommes partagent avec d'autres animaux, plus ou moins développée selon les espèces et les individus. Et finalement, c'est cette chose la plus simple et la plus universelle entre les espèces, qui fait défaut – et probablement lui fera toujours défaut – à un robot pour être soignant[1].

1. À moins, bien sûr qu'il ait un « cœur de chien », comme dans l'excellente nouvelle du médecin et romancier Mikhaïl Boulgakov qui porte ce titre.

Alceste *The best*

Je me souviens de ce patient.

Je l'accompagne depuis de longues années, pour des broutilles : une angine par-ci, une rhinopharyngite par-là. On s'entend bien, on s'estime mutuellement, je crois. Je lui demande régulièrement des nouvelles de sa famille, il me demande régulièrement des nouvelles de la mienne. C'est convenu, mais poli et respectueux.

Un jour, je pars un mois en congé paternité. Lorsque je reviens, il est en salle d'attente, je le fais entrer.

– Alors comment ça va aujourd'hui ?

– Pas bien. Vous n'êtes pas au courant ?

Je vais répondre mais il me devance.

– Ah oui, c'est vrai, vous n'étiez pas là, j'ai vu votre remplaçante...

Il s'assoit et m'annonce tout de go :

– J'ai un cancer du pancréas. Très avancé, avec des métastases.

Étrange situation où c'est le patient qui annonce sa maladie au médecin. Je lui dis être désolé d'entendre cela. Il me détaille les circonstances du diagnostic et le début de son traitement qui le fatigue déjà beaucoup. Puis, parce qu'il a confiance en moi, peut-être, parce qu'il a peur, sûrement, il me demande :

– Vous en pensez quoi ?

Nous ne savons pas parler de ces choses-là, si graves. Nous avons une seule heure de cours intitulée « Consultation et annonce d'une maladie grave à un patient » sur un cursus de dix ans. Une misère au regard de l'enjeu humain. Et, vous l'aurez remarqué, médecin généraliste est plutôt un métier solitaire : je n'ai pas grand monde à qui je pourrais en parler. J'imagine que chacun fait comme il peut, avec la légère honte de ne pas avoir mieux à offrir.

Je me suis réfugié derrière l'évidente réflexion suivante :

– Vous, vous en pensez quoi ?

C'est une question rhétorique, bien sûr. Elle pourrait être perçue comme un moyen de « botter en touche ». Pour autant, les années passant, je m'aperçois que ce genre de réponse en forme de question est aussi une manière de laisser la porte ouverte au patient, de le remettre au centre du colloque singulier.

Répondre « Et vous, qu'en pensez-vous ? », c'est rendre au malade sa capacité agissante. Lui rappeler que l'important, c'est lui, ce qu'il ressent, les émotions qui le traversent. D'objet, il redevient sujet. Charge à nous, ensuite, de partir de sa réponse, de ses angoisses, pour l'informer factuellement à partir des données scientifiques.

Rien n'est moins rhétorique parfois qu'une question rhétorique.

Nous, nous repérons des maladies, mortelles comme tant de maladies, des mois voire des années avant la mort du patient. Souvent cela permet de le soigner, parfois cela lui donne juste le temps de s'organiser, ainsi que sa famille.

Ma petite expérience m'a montré qu'il est beaucoup plus difficile de voir quelqu'un qu'on aime partir que d'accepter sa propre fin. Le deuil est peut-être plus difficile que la mort, sinon pourquoi Orphée serait-il allé chercher Eurydice aux Enfers ?

Il y a un très beau mythe grec qui raconte précisément cela : le refus de laisser l'autre partir, quitte à se sacrifier soi-même. Il n'est pas très connu pourtant, peut-être parce qu'il nous présente, à nouveau, une femme héroïque, Alceste. Vous vous croyiez cultivés et pensiez qu'Alceste était le grigou misanthrope d'une pièce de Molière, ou un camarade du Petit Nicolas ? Eh bien rangez vos classiques ! Mon Alceste est la plus belle des filles de Pélias, roi d'Iolcos en Thessalie. Elle est mariée à Admète, roi de Phères, un port de Thessalie.

Admète a reçu dignement le dieu Apollon qui, puni par Zeus, devait subir un an de servitude chez un mortel. Grâce à l'aide d'Apollon reconnaissant, Admète est parvenu à présenter devant Pélias un char attelé d'un lion et d'un sanglier et a obtenu d'épouser sa fille Alceste ; ils ont deux enfants.

Apollon demande aussi pour son protégé une « faveur » auprès des Moires, les divinités du Destin : Admète sera averti du jour de sa mort et pourra rester en vie si quelqu'un accepte de prendre sa place. Quand le jour fatal arrive, les vieux parents d'Admète refusent de se sacrifier. Seule Alceste y consent, par amour, et s'empoisonne. Ce dévouement suscite l'émotion et l'admiration générales : la sévère déesse infernale Perséphone en est touchée au point de laisser Alceste remonter sur la terre pour retrouver les siens.

En plus de nous prouver que les femmes sont généralement plus efficaces que les hommes – là où Orphée a échoué à ramener Eurydice des Enfers, Alceste, elle, y est arrivée –, la mythologie nous donne des repères. Admète et les siens avaient un jour pour se préparer (et encore il s'agissait d'une faveur), nous avons désormais des mois et des années.

Quand on ne peut plus soigner le patient, en fait c'est sa famille, ses proches que l'on soigne en leur donnant un peu de temps, le temps des adieux. Il y a toujours une façon de soigner.

La riposte d'Héphaïstos

« Mes parents ne s'aimaient déjà plus depuis longtemps quand je suis arrivé. Certains disent même que ma mère m'a eu par vengeance, pour prouver à mon père qu'elle n'avait pas besoin de lui, même pas pour cela.

Quand je suis né, ma mère m'a trouvé si laid qu'elle m'a jeté en l'air. D'autres prétendent que c'est mon père. D'autres encore prétendent que, pour une fois, ils étaient unis, pour se débarrasser de moi. Quelle que soit la version, ma chute a duré une éternité, c'est-à-dire un jour pour les dieux. J'aurais dû mourir, mais même la mort n'a pas voulu de moi.

Cabossé de partout, on m'a caché dans une grotte pour m'élever loin des regards tant j'étais laid. Une longue nuit immobile de neuf ans. Neuf ans durant lesquels j'ai songé à comment me venger. J'ai fomenté mille projets, inventé mille objets. Je suis devenu le meilleur artisan du monde, j'ai créé des machines et des robots que les meilleurs scientifiques d'aujourd'hui peinent à comprendre.

Un jour, j'ai remonté la pente. Littéralement. Toute la pente abrupte du mont Olympe. Jusqu'au sommet, jusqu'au palais des dieux. Je leur ai montré mes œuvres et mes machines, pour leur donner un exemple de ce que je savais faire. Je leur ai montré un trône somptueux, ma mère s'y est assise et elle est restée prisonnière. Elle m'a supplié de la libérer, et j'ai bu le petit-lait de la vengeance joyeuse. Certains ont ri. Tous ont été admiratifs et m'ont accepté comme l'un des leurs sans broncher, sans sentiment de supériorité.

J'ai demandé la main de la plus belle des déesses. Je l'ai obtenue.

J'ai demandé d'être vénéré par la plus riche et la plus brillante des cités d'alors, Athènes. Je l'ai obtenu. Tous les héros ont demandé à ce que je forge leurs armes.

Je suis fier d'être "bancal et monstrueux" comme l'écrivait Homère. »

Cette histoire est celle du dieu Héphaïstos. Pourtant, je me demande pourquoi je n'en entends jamais de semblable à mon cabinet. Comprenons-nous bien, des histoires similaires à l'affreux début de vie du dieu boiteux, j'en ai pléthore. En kit ou en entier. Des patients littéralement fracassés par leurs géniteurs (faut-il dire « parents » ?), par des accidents de la vie ou de leur code génétique.

Mais la suite ? L'accueil, l'acceptation de la personne en famille ou en société ? Rien. Il y a toujours un malaise, je le vois dans le monde miniature de ma salle d'attente. Et ce n'est pas une question de manque de rampe d'accès – il n'y en avait sûrement pas non plus sur l'Olympe mythique. C'est une question d'hospitalité.

J'aime beaucoup ce mot. Parce qu'il vient d'un terme qui signifie à la fois celui qui accueille et celui qui est accueilli. Comme « hôte » en français. Dans l'hospitalité – qui a aussi donné « hôpital » –, il y a une idée d'égalité. L'Autre, celui qui a souffert et qui en porte l'infirmité, nous tend un miroir dans lequel nous nous voyons tout aussi souffrant et infirme.

Il y a la solidarité, ces liens qui nous unissent – et dont Héphaïstos est aussi le dieu – et que parfois nous essayons de couper en excluant… ou même en incluant maladroitement, au point de stigmatiser. Et puis, il y a cette ironie fascinante : les dieux, si prompts aux subterfuges et aux déguisements, aux épreuves en tous genres pour tester la générosité des hommes, se font prendre en défaut au seul test qu'ils auraient dû réussir. Car Héphaïstos, lui, ne triche pas : il se présente face aux Olympiens tel qu'il est, sans fard, sans simulacre, dans son corps de paria difforme. Et eux, ces Olympiens qui dispensent aux hommes des leçons qu'ils n'appliquent pas, se montrent incapables d'hospitalité.

Quel est l'enseignement d'Héphaïstos ? Que notre humanité se reflète dans la manière dont nous traitons l'Autre, même s'il est diminué – surtout s'il est diminué. Et que, si Héphaïstos les punit, c'est parce que eux, les dieux, l'accueillent d'abord très mal. En les emprisonnant dans ses filets, il leur montre sa supériorité technique et, leur tendant un miroir sur leur comportement, les jette dans le déshonneur.

Cela devrait nous donner matière à réfléchir.

Dans une société qui accueille au lance-pierres ses membres les plus vulnérables, comment espérer que quelqu'un prenne un jour soin de nous ? Nous sommes toutes et tous amenés à devenir le boiteux d'un autre, que ce soit avec l'âge ou la maladie qui frappe aveuglément.

Mais il n'y a pas de hasard. Avoir fait d'un infirme le dieu à la fois de la technique et des liens qui unissent n'est pas un détail. C'est un message au sens profondément civilisationnel. Héphaïstos est celui qui façonne les outils, qui sont le prolongement des corps insuffisants des hommes, pour leur permettre de rester les maîtres de la nature malgré les limites inhérentes à leur condition.

C'est un rappel vivant que si le handicap n'a pas vocation à servir de « leçon de vie » aux valides, il reste une mise à l'épreuve de la société. Il teste certes notre hospitalité, notre capacité à tisser des liens avec l'Autre, mais il teste aussi notre génie à réparer, parfois à compenser, ce que la nature fait à l'homme.

Caducée

Être médecin, c'est aussi se plier à l'exercice unique du colloque singulier entre soi et le patient. C'est littéralement devoir s'extraire de soi pour s'imaginer à la place de l'Autre. Chaque consultation est un voyage. Un déplacement d'une individualité vers une autre. Les Grecs illustraient cette idée simplement en racontant le très beau mythe du caducée.

Dans la splendeur de la nature grecque, avant que les hommes mortels ne la saccagent, le lumineux Apollon profite de la vie. Son cadet, Hermès, à l'âge où les petits frères envient leurs aînés, décide de lui subtiliser ce qu'il a de plus précieux : son troupeau de moutons – l'équivalent antique de sa collection de Lego ou de Playmobil. À la suite de son larcin, Hermès se cache dans une grotte en attendant la colère fraternelle, puis paternelle, qui ne manquera pas de s'abattre sur lui.

Mais dans sa fuite vers la grotte, il rencontre un mouton qui a été mordu par un serpent. La pauvre bête est train de passer de vie à trépas. Hermès fait ce qu'il peut mais l'animal rend son dernier souffle entre ses mains.

Hermès est petit et c'est ainsi qu'il comprend pour la première fois cette chose terrible, qui ne lui arrivera pas à lui mais qui frappera toute chose sur Terre : la mort. Découvrant une carapace vide dans la grotte, il comprend que c'est cette même chose qui est arrivée à une tortue.

Alors, pour donner une autre forme d'existence à ces deux êtres disparus, il prend la carapace et y tend les boyaux du mouton. Ainsi est fabriquée la première lyre. Ce n'est ni un mouton, ni une tortue, mais c'est une voix. Une voix qui permet au petit dieu d'exprimer sa tristesse tout en couvrant le bruit de ses sanglots et les bêlements des moutons restants.

Apollon entend ce son merveilleux et se demande quel être peut avoir une voix aussi harmonieuse. Il oublie sa colère, son troupeau, le larcin. Charmé des pieds à la tête, il part en quête de celui ou celle qui chante si bien et qu'il veut absolument séduire, c'est-à-dire étymologiquement « conduire à soi » : féminin, masculin, il la ou le veut à tout prix. Quand le dieu de la lumière arrive devant l'ombre de la grotte qui chante, il découvre que la mélopée sort des mains de son petit frère et que celui-ci est en train de pleurer. Il s'approche d'Hermès et doucement le console et lui pardonne. Pour le remercier, Hermès lui donne la lyre tant convoitée. En échange, Apollon lui donne le caducée, un bâton magique capable de guérir des morsures de serpents.

Ainsi Hermès, dieu du voyage, devient aussi un dieu médecin. Et Apollon, dieu de la médecine, devient musicien. À eux deux ils se sont guéris. Voilà l'essence même de la médecine : l'altérité, le don et la consolation.

Ce travail d'extraction hors de soi n'est pas naturel. Nous sommes seuls en nos corps. Nous naissons et mourons seuls en ces vaisseaux. Nous ne pouvons que toucher du doigt, et encore seulement à l'aune de notre propre subjectivité, l'expérience de l'Autre, sa douleur, son voyage. Peut-être devrions-nous penser, à chaque consultation, à Hermès. Lui adresser une prière silencieuse – peut-être est-ce d'ailleurs ce que font les patients dans les salles d'attente, plus silencieuses que les lieux de culte – et le remercier pour cette faculté qu'il nous accorde : celle de nous déplacer vers les autres.

En cela peut-être, la médecine est un art. Un art du déplacement. Un art sacré.

C'est une des beautés de cette science HUMAINE – en capitales parce que cette humanité est capitale.

Car si presque tout, en médecine, est scientifique, mesurable, reproductible – les médicaments, les posologies, les protocoles –, il y a une chose qui demeure mystérieuse, intouchable par l'explication, c'est ce saut vers l'Autre que le médecin doit faire vers son patient pour le guérir.

Si la médecine était une science pure, le médecin se contenterait d'avoir raison. Il chercherait à atteindre une vérité scientifique et non l'amélioration clinique. Mais la médecine est une science *impure*[1], donc *sacrée*, qui vise la guérison d'un autre. Elle exige du soignant, le temps d'une consultation, de mettre ses pieds dans les chaussures de l'Autre.

Certes les vérités scientifiques permettent de jalonner le parcours médical, d'être « dans les

1. C'est le sens étymologique de « sacré » : « qui ne peut pas être touché », « impur ».

clous » d'une médecine basée sur la preuve scientifique. Il n'y a pas de poudre de perlimpinpin, ceux qui en ajoutent sont des charlatans et des salauds qui profitent de la faiblesse et de la douleur des gens.

Pour autant, une part de mystère nous échappe, un « je-ne-sais-quoi ». Les mêmes causes ne produisent pas les mêmes effets. Des patients du même âge, atteints de la même pathologie, dans les mêmes conditions, ne réagissent pas forcément de la même manière.

J'ai soigné et accompagné des hommes, des femmes, des patients souffrant de diabète, de dépression, d'insuffisance rénale, d'insuffisance cardiaque, des toxicomanes, des patients atteints de cancers, de mille et une turpitudes qui font notre condition humaine. Mais je n'ai jamais soigné *quelqu'un qui soit moi-même*.

On ne soigne jamais que l'Autre, dans tout ce que cette acception recouvre d'étrangeté à soi et d'irréconciliablement impénétrable.

Mais nous pouvons tenter de mieux comprendre notre propre nature en faisant l'expérience de celle de l'Autre. Comme Hermès et Apollon. Et leurs moutons. Frères et complices, unis dans la fraîche obscurité d'une grotte mythique.

Folle comme Psyché

– Je ne suis pas folle, docteur.

– Je n'ai jamais dit que vous l'étiez. Et quand bien même…

Ce mot, « folle », qu'englobe-t-il réellement ? Pourquoi est-il systématiquement associé à la violence, à la perte de contrôle ?

Quelle stigmatisation pour les patients souffrant de troubles psychiatriques que d'être ainsi réduits à une menace ! N'est-ce pas précisément cette stigmatisation qui est violente ? Bien commode, d'ailleurs, puisqu'elle permet de regrouper l'ensemble des échecs du corps médical sous l'expression fourre-tout de « C'est dans la tête ».

Soyons clairs : il n'y a jamais « rien ». Peu importe qu'un symptôme repose sur un substrat physiologique ou non : s'il y a une plainte, alors il y a une souffrance. Elle est réelle. Et c'est la mission du médecin de la prendre en charge, quelles qu'en soient les causes.

Nous n'avons pas une obligation de résultat, mais une obligation de moyens. Cela signifie qu'on doit aider le patient à aller mieux, même si ce chemin pour aller mieux ne passe pas par une thérapeutique médicamenteuse, mais par un accompagnement psychothérapeutique.

Il faut en finir avec la figure péjorative du fou ou de la folle.

Le médecin doit assurer la santé physique, sociale et psychologique des patients. Cela passe aussi par la déconstruction des préjugés autour de la maladie mentale.

Comment ?

Par exemple, en écrivant noir sur blanc que moi, médecin, je consulte un psychologue.

L'autre matin, j'avais rendez-vous chez ma psy à huit heures. Huit heures, c'est un peu tôt, mais ça m'arrange, comme ça je peux attaquer mes visites à domicile à neuf heures. J'aime bien ces rendez-vous. Quand on a la chance de tomber sur un bon psy, c'est une vraie bouée de sauvetage. Ça me permet d'avoir quelqu'un à qui parler de mes difficultés en tant que soignant, et d'autres casseroles rouillées que je traîne, comme tout le monde. Je crois vraiment qu'il faut normaliser le fait d'avoir besoin de quelqu'un pour parler. La vie ne fait pas de cadeaux.

On ne va pas voir un psy car on est faible.

On va voir un psy car on est suffisamment fort et lucide pour comprendre que la souffrance et les sentiments qui nous traversent en tant qu'êtres existant dans ce monde difficile, s'ils ne sont pas pris en charge, finissent le plus souvent par rejaillir sur les autres.

Mais on va aussi voir un psy car on le peut.

Et je mesure le privilège que j'ai de pouvoir payer ces séances. Ce n'est pas donné à tout le monde.

Quand la Sécurité sociale a annoncé le remboursement des consultations, j'ai pensé : « Enfin ! C'est une reconnaissance du rôle des psys dans la santé publique, et un accès facilité pour ceux qui n'en ont pas les moyens. »

Eh bien, je ne pouvais pas me tromper davantage. Le boycott massif du dispositif par les psychologues aurait dû nous mettre la puce à l'oreille. J'ai compris pourquoi le jour où j'ai tenté d'y faire entrer un patient. D'abord, j'ai attendu vingt minutes au téléphone qu'une personne de la

Sécurité sociale me réponde et valide le dossier. Car, oui, ce dispositif est soumis à un certain nombre de critères. Premier obstacle : le patient ne doit pas être sous anxiolytiques. C'est ballot quand on sait que ce sont les traitements qu'on prescrit aux personnes qui ont besoin d'aller consulter un psychologue rapidement.

Comme si la souffrance psychique ne suffisait pas, ajoutons donc une bonne dose de paperasse à la détresse.

Le médecin traitant, s'il le juge nécessaire – c'est bien connu, nous jouissons d'une solide formation en ce qui concerne l'évaluation des troubles psychologiques –, remplit une première ordonnance pour une première séance. Ensuite, il s'agit de trouver un psychologue conventionné. Le chemin de croix continue. En fonction de ce bilan, s'ensuit la rédaction d'une ordonnance pour onze séances de soutien psychologique.

Est-ce que vous pensez vraiment qu'on résout un problème avec onze séances ?

Pas sûr.

Heureusement, elles sont renouvelables… mais l'année suivante ! Quel message envoie-t-on au patient ? « Écoutez, monsieur, vous avez eu neuf séances, il s'agirait d'aller mieux d'ici deux séances, sinon il va falloir attendre l'année prochaine ! »

Et le psy ? Le psy est payé 50 euros. Il doit, en sus, écouter, analyser et accompagner, établir des comptes rendus. De l'administratif, encore, mais non rémunéré, évidemment.

Alors, oui au remboursement, bien sûr que oui !

Mais pas à ce prix. Pas à ces conditions déplorables qui concourent à maltraiter les patients, et à précariser les professionnels de la santé mentale. On ne guérit pas une jambe de bois avec un pansement.

Dans l'alphabet grec, ψ (psi) est une lettre qui ressemble à un petit trident, dessinant une arme affûtée pour terrasser nos tourments. Comme quantité de termes médicaux, le mot « psychanalyse » est une création récente, forgée à la fin du XIXe siècle par le médecin Sigmund Freud. Son étymologie est magnifique, car mot à mot il signifie « la libération de l'âme » ou « l'âme libérée ».

Qui ne voudrait pas être une âme libre ?

Si la psychanalyse en elle-même n'a pas d'origine grecque, elle tient tout de même son nom d'un mythe, celui de Psyché – « âme » en grec. Psyché n'est pas seulement une âme, elle est aussi une héroïne aussi courageuse que belle. Tellement belle que personne n'ose lui déclarer sa flamme. Certains voient en elle l'incarnation d'Aphrodite et se mettent à lui faire des offrandes et à la vénérer comme si elle était une déesse – ainsi devrions-nous traiter notre âme ! Mais cette adoration a le don d'agacer Aphrodite, la déesse de l'amour et de la beauté, qui ne supporte pas qu'une simple mortelle lui vole la vedette.

Il est important de constater que cette beauté n'est pas un don divin, mais une source de jalousie. Dans l'imaginaire grec, l'âme est, par nature, belle et vénérable. La mythologie nous enseigne à n'avoir jamais honte de notre âme – on peut l'appeler aussi for intérieur ou inconscient –, quelles que soient ses errances et ses bizarreries. Elle est aussi destinée à être mise à rude épreuve, notamment à cause de ses désirs. Voici comment.

Aphrodite, outrée donc, demande à son fils Éros (Amour) de la venger. Le jeune archer au sourire dévastateur a pour mission de toucher Psyché de l'une de ses flèches qui rendent fou d'amour, comme il sait si bien le faire. Mais Éros n'en fait qu'à sa tête et n'écoute que son cœur. Ému par la beauté de Psyché, il s'éprend d'elle et décide de la cacher dans son palais, faisant croire à tout le monde, y compris à sa mère, qu'elle est morte.

Psyché ne tarde pas à se laisser séduire par le dieu. Psyché et Éros s'aiment, mais à une condition : comme tous les dieux, Éros ne peut être vu dans sa vérité par un mortel, faute de quoi ce dernier meurt. Psyché ne doit donc jamais voir Éros, qui promet d'attendre que la nuit soit tombée pour l'embrasser et l'étreindre. Bientôt Psyché est enceinte.

Elle souhaite annoncer la nouvelle à sa famille. Mais ses sœurs, trop curieuses et surtout trop jalouses, l'incitent à rompre sa promesse. Alors qu'il dort à ses côtés, Psyché dissimule une petite lampe pour connaître enfin les traits de son compagnon. Bouleversée par sa splendeur, elle laisse tomber par mégarde une goutte d'huile brûlante sur sa peau. Trahi, Éros n'a pas d'autre solution que de fuir pour que Psyché ne soit pas foudroyée.

Il y aurait déjà beaucoup à dire de cette première partie de l'histoire, ne serait-ce que pour faire apparaître que l'amour disparaît quand il n'y a pas de confiance.

Mais c'est alors que commencent les véritables tourments de Psyché. Maintenant qu'elle a connu l'amour, elle ne sait plus vivre sans lui. Désespérée, elle songe au suicide. Mais le fleuve dans lequel elle veut se jeter la prend en pitié et la repousse sur la berge. Pan, l'un des visages de la Nature divinisée, la trouve et redonne l'envie de vivre à la jeune Âme en l'invitant à suivre son désir et à reconquérir son amant plutôt que de mourir.

Pendant ce temps, Aphrodite recueille son fils blessé, et comprend qu'il est amoureux de Psyché. Elle qui sait tout de l'amour – si bien qu'elle ne tombe que très rarement amoureuse – s'en inquiète et part à la recherche de Psyché. Elle décide de mettre la jeune femme à l'épreuve pour vérifier qu'elle est bien digne de son fils. Elle devra accomplir des tâches impossibles. Trier des monceaux de grains en une nuit, ou aller aux Enfers pour recueillir un peu de l'onguent de beauté de sa reine, Perséphone.

Ces tâches ont de quoi rendre fou. Certaines sont absurdes, d'autres terribles. Mais à chaque épreuve, Psyché trouve de l'aide : les fourmis l'aident à trier les grains, l'aigle de Zeus la guide aux Enfers. De tous les défis, de toutes les vicissitudes, du tunnel de l'amour à celui de la mort, de l'absurde et de l'inconnu : Psyché triomphe de *tout*.

À la fin, Psyché est victorieuse et libérée même de sa condition de mortelle puisque les dieux lui permettent de goûter le nectar et l'ambroisie afin de ne mourir jamais.

Ce mythe, avec beaucoup de poésie et non sans humour, nous livre une vérité profonde : le propre de l'âme est de désirer, d'aimer, de trébucher, de faire des faux pas, voire de franchir des tabous, de souhaiter la mort. Elle côtoie la folie, la sienne et celle des autres. Mais elle est aussi *forte*. Même persécutée, même tourmentée, même malade, *elle se relève*.

Et c'est en traversant l'épreuve qu'elle se libère.

Ces tourments de l'âme, les Grecs les reconnaissaient et les respectaient tant qu'ils les mettaient en scène. Chaque année, et même plusieurs fois par an dans certaines cités, ils se réunissaient lors de concours de théâtre et de poésie pour éprouver à travers les mots des poètes les destins des héros mythologiques : Œdipe, Phèdre, Électre… Ils jugeaient les histoires, les comédiens et la mise en scène, mais sans dogme ni condamnation morale, ils écoutaient.

Surtout, les personnages tourmentés, ces âmes en souffrance, n'étaient pas relégués dans l'ombre.

Ils étaient là, au cœur de la scène, au cœur de la cité. On donnait une place d'honneur aux errances de l'âme humaine : le crime d'Agamemnon, la folie d'Oreste ou le meurtre de Médée.

Pourquoi cette fascination pour les méandres de l'âme ? Pour ce que le philosophe Aristote appelle la « catharsis[1] » : cette expérience à travers laquelle nous éprouvons, presque vivons par procuration, une situation ou un état, nous confrontant aux folies et aux fantasmes qui habitent chaque être humain. Une sorte de psychanalyse collective, à ciel ouvert – et parfumée d'encens.

La science contemporaine a trouvé l'origine cérébrale de ce mécanisme. Lorsque nous assistons à un spectacle, de danse par exemple, nous ne sommes pas que simples spectateurs. Nous sentons le rythme et, grâce aux neurones miroirs, les muscles frémissent, notre corps vibre, nous participons au plaisir de la danse. Nous *ressentons*.

Dans la mythologie et dans la Grèce antique, la folie n'est pas cachée, elle a un visage : celui de Narcisse qui s'éprend de son reflet. Celui d'Écho qui s'efface dans les mots des autres. Tantôt beau et

1. Le mot grec *catharsis* vient du verbe *kathairô*, « je lave », « je purifie ».

désirable, tantôt grimaçant et souffrant, mais toujours héroïque.

La mythologie nous dit enfin que la folie n'a pas à être honteuse : celle-ci se partage et se supporte ensemble.

Comme Psyché, chaque âme, même égarée, est belle, forte et capable de se libérer.

Le talon d'Achille

Je veux vous parler d'une phrase magnifique, entendue durant mes études. Mais pour que vous compreniez comment et pourquoi elle a été prononcée, je suis obligé de vous raconter une longue histoire.

Tout commence avec Mme Pêche. Ce jour-là, elle vient en consultation de gynécologie. C'est sa troisième grossesse et je la trouve rayonnante. Un teint éclatant. Sa peau est, littéralement, veloutée.

– À chaque grossesse, c'est la même chose. Mon lupus me laisse tranquille.

Si on change beaucoup de lettres à « lupus », ça donne « vilaine maladie auto-immune inflammatoire qui peut vous défigurer ». Je souffre moi-même d'une rosacée lupique, et je sais combien il est difficile de vivre avec un lupus, d'arborer ce masque rouge et douloureux que l'on porte malgré soi. Mme Pêche me montre des photos. Avant, pendant, après. Je suis subjugué. La transformation est saisissante. Son visage, d'ordinaire marqué par la maladie, retrouve avec la grossesse un éclat presque irréel. Dieu que c'est beau, ce miracle opéré par les bébés sur le visage de leur mère.

– Cela a été très dur de tomber enceinte et de garder les bébés, j'ai fait beaucoup de fausses couches. Mais une fois qu'ils sont là, bien accrochés, je sais que j'aurai un à deux ans de tranquillité, sans poussée. Je pourrai me maquiller moins, sortir dans la rue sans avoir peur du regard des autres et même me mettre un peu au soleil. Trois enfants, presque six ans de répit, de vie « normale ». Mes bébés sont la meilleure thérapie contre mon lupus. Grâce aux hormones de la grossesse.

Mme Pêche est repartie avec son petit noyau depuis longtemps quand l'interne et le chef reçoivent Mme Pasdebol. Derniers mois de grossesse, premier bébé. Elle entre en s'appuyant sur une canne, se dandine péniblement jusqu'à la table d'examen et s'y échoue en poussant un petit cri de souffrance. De jolies taches de rousseur dessinent sur ses joues la carte de l'Australie. Elle connaît bien son obstétricien : c'est lui qui a posé des mots sur ce qu'il lui arrive. Sclérose en plaques.

Devant elle, le chef m'explique. Mme Pasdebol se portait comme un charme lorsque, peu après la fin du deuxième mois, elle a ressenti des fourmis dans les jambes et a perdu le tonus musculaire de ses membres inférieurs. Première grossesse et première poussée de sclérose en plaques.

On ne sait pas pourquoi chez certaines femmes la grossesse peut être « protectrice » alors que chez d'autres elle déclenchera une pathologie auto-immune jusque-là sagement endormie.

– J'ignorais c'qui me tomberait dessus… D'toute façon, même si j'avais su, j'changerais rien. Je le voulais, ce bébé, plus que tout au monde.

Elle continue en souriant :

– Même maintenant, oui. Même si ça veut dire qu'un jour je ne pourrai plus marcher. Je le voulais.

Et, posant sa main sur son ventre, elle adresse à son médecin cette phrase magnifique – celle pour laquelle j'ai écrit tous ces mots et que je voulais partager avec vous :

– On ne lui dira pas, hein ?

Et le médecin qui la rassure :

– Non, on ne lui dira pas.

Ces paroles échangées, d'une simplicité bouleversante, résonnent bien au-delà de cette salle de consultation. Elles touchent à quelque chose de fondamental : le mystère si fragile de la vie. Cet assemblage de cellules, qui, contre toute logique, fonctionne en harmonie et qu'on appelle l'être humain. Cet édifice de cellules ordonnées, attachées les unes aux autres comme les atomes qui les constituent, qui ne s'éparpillent pas. Une victoire sur l'entropie galopante qui pousse l'univers vers la dilution ultime, quand rien ne tient plus à rien, et qu'on appelle la mort.

« On ne lui dira pas, hein ? »

C'est aussi ce que disait la divine Thétis penchée au-dessus des eaux noires du Styx, ce fleuve des Enfers qui garde les secrets et les serments inviolables, là où vont toutes les âmes dans l'Antiquité. En grec ancien, « on ne lui dira pas, hein » se dit en un seul mot, *arrêtos* – comme d'autres diraient « calmos ». Il a une valeur sacrée, comme si divulguer son secret allait précipiter le malheur.

Thétis, pourtant, n'a jusqu'ici guère eu de problèmes. C'est une merveilleuse jeune femme qui habite sous la mer avec ses consœurs, les Néréides. Elle vient d'avoir un enfant en parfaite santé, mais elle l'a eu avec un mortel, Pélée, et par malheur et par fatalité, le petit est mortel. C'est la raison pour laquelle au début, quand elle a rencontré Pélée, elle ne voulait pas de cette union. Elle s'est même transformée en tous les monstres de Méditerranée pour dégoûter Pélée et lui montrer à qui il avait affaire. Pélée est resté ferme, de marbre. Quel être, mortel ou divin, serait si constant ? Thétis a été émue de tant de fidélité et de vaillance, elle a commencé à l'aimer, à espérer qu'elle ne serait pas la première Mme Pasdebol et que son enfant, comme elle, serait immortel. Comme elle est divine, elle est allée aux Enfers interroger les déesses qui tressent les destinées des mortels, les Moires. Vous les connaissez : l'une tisse le fil, Clotho, l'autre le déroule, Lachésis, et la dernière le coupe, Atropos. C'est étrange, et beau, comme la vie des hommes tient toujours entre les mains de femmes dans la mythologie grecque.

Thétis apprend qu'elle connaîtra le pire supplice pour tout parent : survivre à son enfant. Mais cette heure fatale pourrait survenir plus tôt qu'elle ne l'imagine. Les Moires lui apprennent que le fil de son fils est fait de deux brins, comme tant de vies humaines. L'un qui s'arrêtera tôt mais Achille et sa gloire entreront dans la légende à jamais.

L'autre qui s'étirera longtemps mais sombrera dans l'oubli.

Même le destin nous laisse parfois le choix.

Alors, Thétis choisit de mettre toutes les chances du côté de son fils et c'est pour cette raison qu'elle se tient au bord du Styx, plongeant son nourrisson dans cette eau sombre qui le rendra invulnérable. Sauf... à l'endroit de ce talon par lequel elle le tient.

Vous me direz que c'est quand même incohérent, à la limite du comique, qu'elle ne prenne pas le temps d'immuniser aussi ce fichu talon. Je crois qu'elle veut juste – et c'est sans doute un crève-cœur – lui laisser sa part de liberté.

Cette expérience mythologique, je la vis tous les jours, lorsque je fais de la prévention dite « primaire ». Quand j'explique à mes patients les risques que leur mode de vie ou leurs antécédents familiaux leur font encourir. Quand je leur déroule la bobine du film des autres, qui pourrait être celui de leur vie. Je ne les tiens pas par le talon, mais par les chiffres et les enseignements qu'il y a à tirer des statistiques.

C'est une partie de la médecine qui n'est pas assez mise en avant, celle qui consiste à limiter les risques de maladie, parce qu'elle repose sur des paroles et non des médicaments. C'est à moi de trouver les mots justes, ceux qui, sans les juger, sans les culpabiliser, convaincront mes patients des risques qu'ils prennent. Ce n'est pas facile, c'est même plus ardu que de prescrire une pastille. Je demande à mes patients de renoncer à un plaisir immédiat pour éviter une douleur future, incertaine et lointaine. Et souvent c'est notre corps qui n'aide pas à faire des choix qui seraient plus raisonnables.

Le médecin ralentit le processus quand la maladie est là, mais parfois aussi, il agit en amont, avant qu'elle n'arrive, quand il prévient les risques, pour empêcher la maladie de s'installer peut-être un jour. J'ai des patients qui fument, boivent, ne pratiquent aucun exercice physique. Je ne peux pas prédire à coup sûr qu'ils mourront d'une maladie cardiovasculaire… Mais je vois venir le destin de leur corps, tout cousu de fil blanc, de veines bleues et d'aortes encrassées.

Alors je fais comme Thétis. J'essaie de les immuniser le mieux possible, non en les forçant à prendre un bain suspect, mais par la parole. Je leur explique que, si on place d'un côté mille patients comme eux, et d'un autre mille patients sportifs et ayant une vie saine, sans facteur de risque, le premier groupe comptera beaucoup plus de victimes d'une maladie cardiovasculaire que le second. Toute la prévention primaire tient à ceci : tenter d'informer pour que le nombre du groupe B augmente et que celui du groupe A diminue.

Informer c'est déjà soigner.

Mais, comme Thétis, il faut que je leur laisse leur part de liberté. C'est à eux de choisir, autant qu'il est possible. Et s'ils reviennent plus tard malades, je n'irai pas leur ricaner au nez : « Je vous l'avais bien dit. » Je ferai tout pour les soigner. Je respecterai ce qu'ils sont. C'est cela aussi que m'a appris ce mythe et qui, j'en suis persuadé, fait de moi un meilleur soignant. Ne pas juger, bien sûr, mais aussi accepter les choix, les contraintes, les erreurs, les limites. Les miennes comme celles des autres. La mythologie nous raconte aussi que même un demi-dieu, même Achille, n'échappe pas à sa condition. Il est soldat et veut être un héros : il aurait difficilement pu choisir la vie longue et sans gloire.

Il meurt bêtement et magnifiquement, d'une flèche qui trouve sa faille et l'atteint au talon. Thétis et tous les Grecs l'ont pleuré. Aujourd'hui encore, certains le pleurent en lisant l'*Iliade*. Moi le premier.

Ce petit bout de talon mythique, minuscule et doux comme tous les pieds de nourrissons, m'a appris autre chose. C'est la part d'incertitude qu'il y a dans tous les savoirs qui ne sont pas que théoriques, mais également humains. C'est l'exception dans la règle. Je ne peux rien prévoir avec certitude. Je ne peux que statistiquement supputer. Une seule chose est sûre : un jour ou l'autre ils mourront tous. La prévention ne me donne aucune garantie. Je n'ai aucun moyen de savoir si une femme souffrant de maladie auto-immune risque de voir sa maladie s'aggraver durant une grossesse ou, au contraire, s'améliorer. C'est une part non choisie de la vie des gens, et le soignant doit composer avec cette incertitude.

Pour autant, je n'aime pas considérer les facteurs de risque évitables comme des parts « exclusivement » non choisies. Fumer, boire, se réfugier dans la surconsommation, ça n'arrive pas par hasard. On ne devient pas fumeur par accident. Et on ne s'accroche pas à cette cigarette sans raison. Les patients composent avec la vie. Ils se défendent comme ils peuvent. Cherchent aussi, parfois, des moyens d'apaiser leurs angoisses, de s'anesthésier face à un trop-plein de souffrance, à un quotidien abrutissant ou à un boulot alimentaire peu gratifiant.

Alors peut-être que le boulot du médecin est là : informer le patient, l'aider à se délester, s'il en a envie, de ses parts de vie non choisies, ou du moins à les vivre mieux. L'armer physiquement et intellectuellement pour qu'il puisse mieux affronter ces zones turbulentes de son existence.

Voilà le fil de la vie.

Ce qui retient les cellules les unes aux autres en un tout qui pense, et qui est libre.

Et qui un jour sera pleuré par celles et ceux qui l'ont aimé.

Carcinos

Sous l'ombre d'un beau platane côtier non loin d'une source et d'une forêt, dans une terre gorgée de mer et de soleil, s'étend le domaine de rêve que la puissante déesse Héra a élu pour sanctuaire. Pour le protéger, elle lui a donné comme gardien un dragon terrible doté de plusieurs têtes, dont l'une est immortelle. L'hydre de Lerne tient son nom du marais qui l'abrite, situé à côté de la belle cité d'Argos, au cœur du Péloponnèse.

L'hydre, c'est la version mythique de l'axolotl, en plus gros et plus féroce : elle est capable de se régénérer et si jamais l'on ose lui trancher une tête, deux autres repoussent. De quoi dissuader les plus téméraires des intrus.

Parmi eux, Héraclès, le fils de la mortelle Alcmène et de Zeus. Le héros à la force surhumaine, en quête d'immortalité, accomplit ses

Douze Travaux qui lui permettront de rejoindre l'Olympe aux côtés des dieux. Il a pour mission de tuer le monstre et de récolter son sang, dont il extraira le venin qui rendra les flèches des armées du roi Eurysthée victorieuses. Pour vaincre l'animal, en plus de sa force, Héraclès est aidé par son neveu, l'archer Iolaos, et surtout par Athéna, qui lui a soufflé une stratégie pour tenter de venir à bout du monstre dont les têtes repoussent comme des bambous.

Grâce aux conseils de la déesse, le combat est plutôt bien engagé. Héraclès a été si rapide que la bête est déjà agonisante. Proche de recevoir le coup de grâce, elle s'est effondrée sur le héros qui, sûr de sa supériorité physique maintenant que la bête est à terre, commence de s'en libérer.

Mais d'un coup, il s'arrête net, figé. Obnubilé par le combat, il ne l'a pas vu venir, ce méchant crabe qui lui pince le talon avec ténacité. Le crabe, c'est Carcinos, qu'Héra a mandé au secours de l'hydre quand elle l'a vue menacée. La douleur n'est pas insoutenable mais elle dure, insistante, atteignant désormais le stade où elle passe avant tout le reste. Héraclès cesse de lutter contre l'hydre qui l'étouffe et l'empoisonne de son souffle pestilentiel.

Il aurait succombé si Iolaos n'était pas venu à sa rescousse en décochant une volée de flèches bien placées. Dans un dernier effort, Héraclès parvient à retourner le crabe et à l'écraser d'un coup de talon rageur. Le combat reprend et cette fois-ci le héros est victorieux. Le roi Eurysthée, commanditaire des Douze Travaux, cependant, refuse de valider l'exploit car Héraclès a eu besoin d'aide pour gagner. Tout ça pour rien – sauf pour Carcinos. Héra, touchée par le dévouement du crabe, lui donne une nouvelle forme en le changeant en constellation : il devient le Cancer, le signe du Zodiaque qui éclaire nos chaudes nuits d'été en juillet.

Quelques siècles plus tard, un autre homme observe une autre forme inquiétante. Hippocrate examine le sein d'une patiente et y découvre une grosseur arrondie qui se prolonge en fins rayons. Il a déjà rencontré le même genre de tumeur (de *tumô* en grec qui signifie « gonfler ») un si grand nombre de fois qu'il lui faut trouver un nom pour la décrire, un mot qui lui permette de l'enseigner à ses élèves, de la repérer et de la soigner autant que possible. La forme lui évoque celle du crabe. *Karkinos* en grec et *cancer* en latin.

Si le cancer est vieux comme la vie – les premières descriptions ont été retrouvées sur des papyrus égyptiens –, il a désormais un nom. Et nommer, c'est certainement la première marche vers la compréhension et peut-être le traitement. Il est touchant de constater que ce médecin génial qu'était Hippocrate, dans une maladie fatale, voyait non la mort ou la souffrance, mais la vie en général et la mythologie en particulier. Le cancer, cet humble crabe qui passe inaperçu jusqu'au moment où il attaque et mine l'intégrité physique, le cancer qui fait hurler et rend faible le plus fort des héros, le cancer plus redoutable que l'hydre de Lerne. Le cancer qui fait tout autant partie du monde que le crabe et la nuit étoilée.

Il est encore plus touchant de constater qu'Hippocrate, impuissant face au cancer avec les moyens de son époque, choisit pourtant un nom qui porte en lui la promesse d'un combat possible. En choisissant ce nom et ce mythe, peut-être avait-il la conviction qu'avec l'aide de l'intelligence (Athéna) et le soutien familial (Iolaos), patients et médecins, comme Héraclès, pourraient un jour triompher.

La médecine, bien qu'ancrée dans la science et la rationalité, tire également sa richesse d'un héritage symbolique et culturel profond. Les mythes grecs, en particulier, offrent une grille de lecture précieuse pour comprendre la souffrance humaine, la condition du malade et notre propre rôle en tant que soignants. À travers des figures emblématiques, ils éclairent les dimensions psychologiques, philosophiques et éthiques de la médecine.

Ainsi, la maladie, qu'elle soit physique ou psychique, est souvent perçue comme une épreuve, une fatalité qui rappelle les tourments infligés aux héros antiques. Prométhée, enchaîné à une montagne où un aigle dévore son foie chaque jour avant qu'il ne repousse chaque nuit, évoque une souffrance cyclique, interminable, semblable au combat des patients atteints de maladies chroniques. « J'ai porté l'angoisse des mortels et c'est moi qui souffre aujourd'hui », fait dire Eschyle à ce Titan compatissant, puni d'avoir voulu aider l'humanité. Prométhée, c'est le malade usé par le temps, par la douleur qui ne laisse pas de répit.

Philoctète, lui, incarne un autre aspect de la maladie. Blessé par une plaie purulente dont l'odeur insoutenable le condamne à l'exil, il illustre non seulement la souffrance physique, mais aussi l'exclusion sociale du malade. Comme Philoctète, nombreux sont ceux qui, souffrant de maladies stigmatisantes, peuvent ressentir un isolement comparable. Cancers visibles, maladies de peau, infections chroniques : autant d'affections qui font du patient un être à part, exclu du monde des bien-portants. Ce mythe rappelle aux médecins l'importance de la prise en charge globale du malade, incluant l'accompagnement psychologique et social.

Quand il s'agit pour le soignant de penser à sa mission, c'est à Œdipe qu'il doit se référer. Beaucoup de mythes grecs abordent la question de la fatalité, des thèmes essentiels dans la relation à la maladie, mais aucun ne le fait comme celui d'Œdipe qui, en cherchant à échapper à son destin, finit par le précipiter. Tout dans cette histoire repose sur la tension entre destin et liberté, entre ce qui est écrit et ce qui peut être changé, un dilemme central en médecine. Lorsqu'un médecin annonce un diagnostic grave, il doit accompagner le patient face à ce qui peut sembler une fatalité, tout en lui laissant l'espace pour lutter et espérer.

Et puis, il y a Chiron, le centaure guérisseur. Étrange personnage que celui du médecin blessé. Immortel, mais condamné à souffrir d'une blessure incurable, Chiron incarne le paradoxe du soignant : capable de soulager autrui, mais incapable de se guérir lui-même. Le mythe rappelle aux médecins leur propre vulnérabilité, leur dit qu'ils sont sujets aux mêmes failles que ceux qu'ils soignent, et il souligne l'importance de l'empathie vis-à-vis des patients.

Les mythes grecs ne sont pas de simples récits anciens. Ils offrent aux médecins une meilleure compréhension de la souffrance, de leur rôle et des dilemmes éthiques auxquels ils sont confrontés, que la science seule ne saurait atteindre. Le mythe dit toujours plus que ce qu'il raconte.

Et pour le malade ? La maladie ne transforme pas seulement les corps, mais aussi les existences, parfois de manière radicale. De nombreux mythes grecs mettent en scène des métamorphoses, illustrant le fait que le changement, si douloureux soit-il, est une part essentielle de la vie. Daphné, poursuivie par Apollon, se change en laurier pour échapper à son sort. Achille, plongé dans le Styx, devient invincible à l'exception de son talon. Ces récits suggèrent que l'identité n'est jamais figée et que l'être humain peut se réinventer, même dans l'adversité.

Ainsi, un patient confronté à une perte – un handicap, une amputation, une maladie chronique – peut voir dans ces métamorphoses un écho à sa propre transformation. Non juste comme une fin en soi, mais comme le début d'un nouvel état d'être. Car si la mythologie ne prétend pas abolir la souffrance, ni nier la réalité de la maladie, elle offre une façon de l'interpréter, de l'intégrer dans une histoire plus vaste. Que ce soit à travers la résilience de Prométhée, l'acceptation du destin d'Œdipe, la métamorphose comme renaissance ou encore la vision d'un au-delà structuré, ces récits permettent aux malades de mieux appréhender leur condition et de la vivre avec plus de sérénité, par la puissance des mots. Or, se raconter, c'est déjà se soigner !

Vive la mythologie !

Remerciements

Un immense merci à Sylvie Delassus, pour m'avoir offert cette belle opportunité de tendre à nouveau un fil, aussi fragile que précieux, entre patients et soignants – pour une cause plus que jamais nécessaire.

À Solenne Pinault-Leclerc, toute ma reconnaissance pour son professionnalisme, son écoute et cette patience infinie qui force l'admiration. Être bien accompagné rend toujours le chemin plus clair.

À Laure de Chantal, érudite infatigable, dont la parole est une traversée passionnante entre les mythes et les hommes : à ses côtés, les dieux ne sont jamais loin, et les héros antiques trouvent un écho inattendu dans nos combats d'aujourd'hui.

À Alexandrine Duhin, merci d'avoir permis à ce beau et noble projet d'aboutir.

Et enfin, merci à la Fondation pour la Recherche Médicale, dont l'engagement quotidien permet à la science de progresser, aux chercheurs d'explorer, et aux patients d'espérer. C'est grâce à des structures comme la vôtre que la médecine avance.

Baptiste Beaulieu

Ce livre comme tant d'autres n'existerait pas sans la mythique Sylvie Delassus, éditrice humaniste et passionnée. Il a de surcroît bénéficié de la patience et de la bonne humeur de Solenne Pinault-Leclerc. Que ces deux fées des lettres soient remerciées !

Merci enfin à Baptiste qui donne un visage (et son corps d'Apollon) à l'intelligence et à la bonté.

Laure de Chantal

Table

Prologue. 9

Le frigo de Baucis 13
Et l'empathie ? Bordel !. 25
Le chien d'Ulysse. 41
Liberté, égalité, sororité 51
Le bâton d'Asclépios 65
Les belles histoires s'écrivent à plusieurs . . . 71
Mères mythiques. 77
Des maux et des mots 87
La honte Actéon !. 95
Maman Sisyphe et le couteau des Danaïdes. 103
Les mamelles de Tirésias 117
Gaster. 125

Docteur Queen, femme médecin 135
Sur l'île de Philoctète 143
Pater familias 151
L'attaque des Morgellons 159
Cent yeux mais sans cœur 169
Alceste *The best* 181
La riposte d'Héphaïstos 187
Caducée 193
Folle comme Psyché. 199
Le talon d'Achille. 211
Carcinos 221

DES MÊMES AUTEURS

Baptiste Beaulieu

Romans

Alors voilà. Les 1001 vies des urgences, Paris, Fayard, 2013 ; Le Livre de Poche, 2015.

Alors vous ne serez plus jamais triste, Paris, Fayard, 2015 ; Le Livre de Poche, 2016.

La Ballade de l'enfant gris, Paris, Mazarine, 2016, Le Livre de Poche, 2018.

Toutes les histoires d'amour du monde, Paris, Mazarine, 2018 ; Le Livre de Poche, 2020.

Celle qu'il attendait, Paris, Fayard, 2021 ; Le Livre de Poche, 2022.

Où vont les larmes quand elles sèchent, Paris, L'Iconoclaste, 2023 ; Collection Proche, 2024.

Nouvelles

La Mort est une garce, Paris, Le Livre de poche, 2015.

Baptiste Beaulieu, Agnès Ledig et Martin Winckler, *Je te donne. 3 histoires d'amour*, Paris, J'ai lu, 2016.

Exils, collectif, Paris, Librairie générale française, 2019.

Essais

Histoires de coming out, co-écrit avec Sophie Nanteuil, Paris, Albin Michel, 2021.

Tous les silences ne font pas le même bruit, Paris, L'Iconoclaste, 2024 ; Poche, 2025.

Poésie

N'aie pas peur. Jamais, Lille, Invenit, 2020.

La Joie et le Reste, illustré par Joséphin Bastière, Paris, L'Iconoclaste, 2021.

Bandes dessinées

Les Mille et Une Vies des urgences, illustré et coscénarisé par Dominique Mermoux, Paris, Rue de Sèvres, 2017.

Entre les lignes, de Dominique Mermoux, d'après le roman *Toutes les histoires d'amour du monde*, Paris, Rue de Sèvres, 2021.

Jeunesse

Les gens sont beaux, illustrations de Qin Leng, Paris, Les Arènes, 2022.

On a deux yeux pour voir, illustrations de Qin Leng, Paris, Les Arènes, 2023.

Je suis moi et personne d'autre, illustrations de Qin Leng, Paris, Les Arènes, 2024.

Les Pansements invisibles, illustrations de Qin Leng, Paris, Les Arènes, 2025.

Laure de Chantal

À la table des Anciens, Paris, Les Belles Lettres, 2007.

Panthéon en poche. Dieux et déesses de l'Antiquité, Paris, Les Belles Lettres, 2007.

Séduire comme un dieu, Paris, Les Belles Lettres, 2008.

Le Jardin des dieux. Une histoire des plantes à travers la mythologie, Paris, Flammarion, 2015 ; 2024.

La Dictée. Une histoire française, avec Xavier Mauduit, Paris, Stock, 2016.

Bibliothèque classique infernale, Paris, Les Belles Lettres, 2016.

Crapoussin et Niguedouille. La belle histoire des mots endormis, avec Xavier Mauduit, Paris, Stock, 2017.

Bibliothèque mythologique idéale, avec Jean-Louis Poirier, Paris, Les Belles Lettres, 2019.

Notre grammaire est sexy, avec Xavier Mauduit, Paris, Stock, 2021.

Énée aux Enfers, avec Amandine Cassard, Paris, Les Belles Lettres, 2021.

Œdipus Inquisitor. Enquête à Thèbes, avec Laurence Ghirardi, Paris, Les Belles Lettres, 2022.

Proserpine, reine des Enfers, avec Benjamin Demassieux, Paris, Les Belles Lettres, 2023.

Libre comme une déesse grecque, Paris, Stock, 2022 ; Champs, 2024.

Divine Athéna, avec Marion Bellissime, Paris, Les Belles Lettres, 2023.

Les Neuf Vies de Sappho, Paris, Stock, 2023.

Bibliothèque idéale des pierres, plantes et paysages, Paris, Les Belles Lettres, 2024.

Composition : IGS-CP
Impression : CPI Bussière en août 2025
Éditions Albin Michel
22, rue Huyghens, 75014 Paris
www.albin-michel.fr

ISBN : 978-2-226-49487-0
N° d'édition : 25978/01 – N° d'impression : 2085271
Dépôt légal : octobre 2025
Imprimé en France